기다림 망각
L'attente L'oubli

모리스 블랑쇼 Maurice Blanchot, 1907~2003 | 젊은 시절 몇 년간 저널리스트로 활동한 것 이외에는 평생 모든 공식 활동으로부터 물러나 글쓰기에 전념하였다. 작가이자 사상가로서 철학·문학비평·소설의 영역에서 방대한 양의 글을 남겼다. 문학의 영역에서는 말라르메를 전후로 하는 거의 모든 전위적 문학의 흐름에 대해 깊고 독창적인 성찰을 보여 주었고, 또한 후기에는 철학적 시론과 픽션의 경계를 뛰어넘는 독특한 스타일의 문학작품을 창조했다. 철학의 영역에서 그는 존재의 한계·부재에 대한 급진적 사유를 대변하고 있으며, 한 세대 이후의 여러 사상가들에게 큰 영향을 주는 동시에 그들과 적지 않은 점에서 여러 문제들을 공유하였다. 주요 저서로 『죽음의 선고』, 『원하던 순간에』, 『문학의 공간』, 『도래할 책』, 『무한한 대화』, 『우정』, 『저 너머로의 발걸음』, 『카오스의 글쓰기』, 『나의 죽음의 순간』 등이 있다.

옮긴이 박준상 | 프랑스 파리 8대학 철학과에서 박사학위를 받았으며, 현재 숭실대 철학과 교수로 있다. 저서로 『빈 중심: 예술과 타자에 대하여』, 『바깥에서: 모리스 블랑쇼의 문학과 철학』이, 역서로 『카오스의 글쓰기』, 『무위無爲의 공동체』, 『밝힐 수 없는 공동체/마주한 공동체』가, 논문으로 「원음악原音樂: 예술의 동근원」, 「몸의 음악: 예술에서의 모방과 반모방에 대한 물음」, 「불협화음」 등이 있다.

L'attente L'oubli
by Maurice Blanchot

Copyright © Éditions Gallimard 1962
All rights reserved
Korean translation copyright © 2009 by Greenbee Publishing Company
This translation of L'attente L'oubli is published by arrangement with
Éditions Gallimard through Shin Won Agency Co.

기다림 망각 (모리스 블랑쇼 선집 04)

발행일 초판1쇄 2009년 1월 20일 초판3쇄 2021년 6월 3일
지은이 모리스 블랑쇼 | **옮긴이** 박준상
펴낸곳 (주)그린비출판사 | **펴낸이** 유재건 | **주소** 서울시 마포구 와우산로 180, 4층
주간 임유진 | **편집** 홍민기, 신효섭, 구세주, 송예진 | **디자인** 권희원
경영관리 유하나 | **경영관리** 유수진 | **물류유통** 유재영, 한동훈
전화 02-702-2717 | **팩스** 02-703-0272 | **이메일** editor@greenbee.co.kr | **신고번호** 제2017-000094호

ISBN 978-89-7682-321-2 04100   978-89-7682-320-5(세트)

이 책의 한국어판 저작권은 신원에이전시를 통해 저작권자와 독점계약한 (주)그린비출판사에 있습니다.
저작권법에 의해 한국 내에서 보호를 받는 저작물이므로 무단전재와 무단복제를 금합니다.
책값은 뒤표지에 있습니다. 잘못 만들어진 책은 구입처에서 바꿔 드립니다.

독자의 학문사변행을 돕는 든든한 가이드 **그린비출판사**

블랑쇼 선집
4

기다림
망각

모리스 블랑쇼 지음, 박준상 옮김

그린비

『모리스 블랑쇼 선집』을 간행하며

모리스 블랑쇼는 철학자이자 작가로서 이 시대에 하나의 사상적 흐름을 형성하였다. 그는 말라르메의 시학의 영향 아래에서 현대 철학과 문학의 흐름을 창조적·비판적으로 이어가는 '바깥의 사유'를 전개시켰다는 점에서 전통에 위치한 사상적 매듭인 동시에, 다음 세대의 (푸코·들뢰즈·데리다로부터 낭시·라쿠-라바르트·아감벤에 이르기까지의) 뛰어난 철학자들에게 끊임없이 영감을 주어 온 사상적 원천이다. 이는 그의 사유를 한때의 유행이 아니라 지속적으로 참고해야 할 준거점으로 받아들여야 한다는 요구가 부당하지 않은 하나의 근거가 될 수 있을 것이다. 그러나 블랑쇼가 진정으로 중요한 이유는, 삶이 사상보다 중요하다는 단순하지만 명백한 사실에 비추어 볼 때, 다른 데에 있다.

그는 종종 '소크라테스 이전의 사상가'라고 불리어 왔다. 그 사실은 그의 사유가 아카데미의 학문적 역사와 배경을 넘어서서 자신의 삶의 체험을 바탕으로 여러 삶의 양상을 직접적으로 표현한다는 것을 의미한다. 우리는 그의 언어가 궁극적으로 우리의 학문적·지적 호기심이 아니라 우리 각자에게, 우리 각자의 삶에 호소하고 있다는 사실을 경험하게 될 것이다. 그의 언어는 우리가 반복하고 추종해야 할 종류의 것이 아니라, 몸으로 받아들여야 할 종류의 것, 익명의 몸과 마음으로 느껴야 할 비인칭의 언어 또는 공동의 언어이다. 따라서 블랑쇼를 읽는다는 것은, 그가 생전에 원했던 대로 '모리스 블랑쇼'라는 개인의 이름(동시에 사회에서 받아들이고 칭송하는 이름, 나아가 역사적 이름)을 지워지게 하는 동시에 어떤 공동의 '우리'에 참여하는 것이며, 나아가 그 귀결점은 또 다른 공동의 언어로 열리고 그것을 생성하게 하는 데에 있다. 아마 거기에 모리스 블랑쇼를 읽는 가장 중요한 이유가 있으며, 결국 거기에 독자의 마지막 몫이 남아 있을 것이다.

『모리스 블랑쇼 선집』 간행위원회

❖ 기다림 망각 ❖
CONTENTS

『모리스 블랑쇼 선집』을 간행하며　　　　　4

　　　Ⅰ　　　　　　　　　　　11
　　　Ⅱ　　　　　　　　　　　76

옮긴이 해제_언어의 현전　　　　　137
모리스 블랑쇼 연보　　　　　　　160
모리스 블랑쇼 저작목록　　　　　167

L'attente L'oubli

| 일러두기 |

1 이 책은 Maurice Blanchot, *L'Attente l'oubli*, Gallimard, 1962의 완역이다.
2 본문의 각주는 모두 옮긴이의 주이다.
3 본문 가운데 옮긴이의 부연은 〔 〕 안에 적었다.
4 단행본·정기간행물 등에는 겹낫표(『 』)를, 논문·단편 등에는 낫표(「 」)를 사용했다.
5 외국 인명이나 지명, 작품명은 2002년에 〈국립국어원〉에서 펴낸 '외래어 표기법'을 따라 표기했다.

I

여기에서, 그리고 그녀에게 아마 전할 이 문장에서 그는 멈출 수밖에 없었다. 그는 거의 실제로 그녀가 말하는 것을 들으면서 이 메모들을 써 나갔었다. 그는 쓰면서 여전히 그녀의 목소리를 듣고 있었다. 그는 그 메모들을 그녀에게 보여 주었다. 그녀는 읽기 원하지 않았다. 그녀는 몇 대목만을 읽었을 뿐이고, 그것도 그가 그렇게 하도록 조용히 요구했기 때문이었다. 그녀가 말했다. "누가 말하나요?" "그런데 누가 말하나요?" 그녀는 뭐라고 지적할 수 없는 실수를 범했다는 감정을 느꼈다. "당신에게 올바르게 보이지 않는 것을 지우세요." 그러나 그녀 또한 아무것도 지울 수 없었다. 그녀는 우울하게 종이들 전부를 내던졌다. 그녀는 그가 모든 점에서 자신을 믿을 것이라고 약속했지만, 진실을 현전하게 했을지도 모를 힘 때문에 자신을 충분히 믿지 못하고 있다는 느낌이 들었다. "이제 당신은 제가 더 이상 갖고 있지 않고 심지어 당신도 갖고 있지 못한 어떤 것을 제게서 가져가 버렸어요." 그녀가 보다 기꺼이 받아들이고, 그녀가 생각했던 것에서 보다 덜 벗어나 있는 말은 없었던가? 그러나 그녀의 눈앞에서 모든 것이 흔들렸다. 그녀는 사건들이 퍼져 나갔던 중심을, 자신이 이제까지 그렇게 굳게 붙잡고 있었던 중심을 잃어버렸던 것이다. 그녀는, 아마 어떤 것을 보전하기 위해서라고, 최초의 말이 모든 것을 말해 주기 때문이라고, 최초의 문단이 가장 믿을 만하며 두번째 문단은 약간, 특히 마지막이 그렇다고 말했다.

그는 거기서 다시 시작하기로 마음먹었다. 그는 그녀를 잘 알지 못했다. 그는 사람들과 가까워지기 위해 친밀감을 필요로 하지 않았다. 그들을 그토록 내밀하게 관계에 묶어 두었던 것은, 바로 이 방이 그의 방으로 주어졌던 우연이었던가? 다른 사람들이 그동안 이 방에 묵었었지만, 그녀는 반대로 그들을 피했었다고 말했다. 그녀의 방은 건물이 구부러지기 시작하는 곳에, 같은 복도 끝에 약간 멀리 있었다. 그녀가 넓은 발코니에 누워 있었을 때 그는 그녀를 보았었고, 도착한 지 얼마 안 되어 그는 그녀에게 신호를 보냈었다.

그는 믿음이 부족하다는 그녀의 비난이 정당한지 스스로에게 물어보았다. 그는 그녀를 믿었고, 그녀의 말을 의심하지 않았다. 그녀를 보면서, 그녀를 들으면서* 그는 지나쳐 버리지 않기를 원했던 예감 속에서 그녀와 연결되어 있었다. 그런데 그의 곤경은 어디에서 비롯되었는가? 왜 그녀는 스스로 했던 말을 그렇게도 우울하게 내쳤는가? 그녀는 그녀 자신을 내쳤던 것인가? 그는 자신이 어떤 시점에서 잘못을 저질렀다고 생각했다. 그는 너무 급하게 그녀를 알아보려고 했었다. 그는 그녀에게 질문들을 던졌었는지 기억나지 않앉지만, 그렇다고 그 사실이 그를 정당화해 주지는 못했다. 그는 침묵으로, 기다림으로, 그녀에게 보냈던 신호로 보다 더 집요하게 질문들을 던졌던 것이다. 그는 진실을, 거리낄 것도 없고 되돌릴 수도 없는 분명한 진실을 터놓고 말하도록 그녀를 이끌어 갔던 것이다.

 그러나 그녀는 왜 그에게 말했던 것일까? 그는 그 점에 대해 묻기 시작했지만, 더 이상 그렇게 할 수 없었다. 그러나 또한 그 점이 중요했다. 정확한 이유를 찾을 수 없는 한, 그는 자신이 이제 의심할 바 없이 듣고 있었던 것을 그녀가 정말로 말했다고 결코 장담할 수 없었다. 그러나 그는 이제 그것을 분명히 듣고 있었으며, 바로 그녀의 현전 덕분에, 말들의 중얼거림 덕분에 그렇게 확신했다. 대기大氣가 여기서 계속 말하고 있었던 것이다. 그러나 이후에는? 그는 이후를 걱정하지 않아야만 했고 또 다른 시간의 보증을 구할 수 없었다.

---

* 여기서 우리는 '그녀를 듣는다'('듣는다', 즉 프랑스어의 'entendre')라는 약간 어색한 한국어 표현을 그대로 사용했다. '그녀의 말을 듣는다'가 자연스러운 한국어 표현이겠지만, 이 책에서 저자가 '듣는다'라는 단어로 의미하는 바는, 많은 경우 누구의 말을 듣는 것이라기보다는, 어떤 자의 현전을 말이나 음악처럼 —— 말-음악처럼 —— 감지한다는 것이고, 나아가 타인과의 관계에 놓인다는 것이다. 다른 관점에서 보면, '그녀를 듣는다', '그를 듣는다'와 같은 어색한 한국어가 그 자체로 새로운 의미의 지평을 열 수도 있을 것이다. 덧붙여 말씀드리자면, 여기서 역자는 가능한 역자로서의 자유를 유보하는 입장에서 저자의 언어가 말하고자 하는 바와 그 뉘앙스를 살리고자 했고, 다만 그것들을 퇴색시키지 않는 한도 내에서 한국어 문장들을 만들어 나가고자 했다. 이 책에서 '그'와 '그녀'의 대화들을 포함해서 저자의 언어는 그 자체로 일반적인 프랑스어는 아니다. 주의 깊은 반복적 독서가 요구되는 하나의 이유라고 말할 수 있다. 더 나아가 블랑쇼를 이해하기 위해 가장 먼저 요구되는 것은, 그의 언어(그 표현법과 뉘앙스와 어조)에 마치 하나의 음악이나 회화에 익숙해지듯이 익숙해지는 것이라고 말할 수 있다.
하나 더 덧붙여 말씀드리면, 역자는 모리스 블랑쇼 선집의 다른 역자들과 수차례에 걸친 회의 결과로 만든 '블랑쇼 용어들'(블랑쇼의 프랑스어 용어들의 한국어 역어들)을 충실히 참조해서 역어들을 선택했고, 이 책 전체에서 하나의 프랑스어 단어를 최대한 일관되게 하나의 한국어 단어로 옮기고자 했다.

그는 그녀를 내버려 두었다. 아마 그는 다른 속내이야기를 터놓도록 그녀를 부추기기를 원하지 않았을 것이며, 아마 그의 비밀스런 욕망은 반대로 그녀를 그러한 상황에 붙들고 있는 데 있었을 것이다. 그 사실에 그는 이끌렸지만, 또한 그 사실 때문에 매우 불편하기도 했다. 마음속에 다른 생각들을 갖고 있었다는 것을 스스로 발견하게 되었던 것이다. 그렇다면 그 생각들은 그가 그렇게도 확신을 갖고 썼던 것을 그 자신도 모르게 왜곡시켰던 것인가? 그는 그렇지 않다고 스스로에게 말했다. 그녀가 그렇게도 절망하여 그와의 대립 속에서 그를 비난했었던 것을 생각하면서 그는 막연히 절망을 확인하고 있었다. 신의를 지키는 것, 그것이 그에게 요구된 것이었다. 즉 기이한 굽은 길을 거쳐 그녀가 사라지고 그를 혼자 내버려 둘 곳까지 그를 데려갈 약간 차가운 이 손을 붙들고 있는 것이. 그러나 그에게 그 손이 누구의 손인가를 물어보지 않기란 어려운 일이었다. 그는 언제나 그랬다. 그는 바로 그 손을, 경과 과정이 아니라 자신에게 손을 내밀었던 누군가를 생각하고 있었다. 거기에 의심의 여지없이 그의 잘못이 있었다.

 종이들을 주워 모으고 있는 동안——이제 그녀는 그를 호기심 어린 눈길로 뒤쫓고 있었다——그는 곤경 속에서 그녀와 연결되어 있다고 느끼지 않을 수 없었다. 왜 그런지 그는 잘 이해할 수 없었다. 그는 허공을 거쳐 마치 그녀를 만진 것 같았고, 순간 그녀를 보았다. 언제? 방금 전에. 그는 그녀가 누구인지를 보았던 것이다. 하지만 그 사실은 그에게 용기를 주지 못했고 차라리 모든 것에 종지부를 찍었다. "그래, 네가 원치 않는다면, 나는 포기할 거야." 그는 포기했지만, 실제로 그녀에게 직접 전하지 않았고 더욱이 그녀의 비밀을 알아내려고 전하지는 않았던 어떤 내밀성의 말 위에서 그렇게 했다. 그는 보다 친밀하고 잘 알고 있으며 환희의 자유 속에서 함께 했었던 것 같은 어떤 다른 것을 겨냥하고 있었다. 그는 그것이 아마 그녀의 목소리일 거라는 사실을 발견하고 놀랐다. 그에게 맡겨진 것은 바로 그 목소리였다. 얼마나 놀라운 생각이었던가? 그는 다시 종이들을 부여잡고 썼다. "너에게 맡겨진 것은 목소리이지 그녀가 한 말이 아니다. 그녀가 말한 것, 네가 헤아려 보기 위해 모아서 베껴 적어 두는 비밀들, 너는 유혹을 뿌리치고 그 비밀들에서 길어 올린 침묵으로 그 비밀들을 조용히 되돌려 놓아야만 한다." 그녀는 그에게 방금 쓴 것이 무엇이냐고 물었다. 그러나 그것은 그녀가 듣지 않아야만 하는 것, 그들이 함께 듣지 않아야만 하는 것이었다.

❖ 그는 남몰래 그녀를 바라보았다. 아마 그녀는 말을 했을 테지만, 그녀의 얼굴에는 스스로 했던 말에 대해 좋게 받아들이는 기색이 전혀 없었고, 말하는 데 동의하는 기색도 없었으며, 거의 선명하지 않은 어떤 긍정만이, 거의 호소하지 않는 어떤 고통만이 드러나 있었다.

　그는 그녀에게 이렇게 말할 권리를 갖기를 원했을 것이다. "그만 말해, 내가 너를 듣기를 원한다면." 그러나 그녀는 아무것도 말하지 않았을지라도 이제 더 이상 침묵을 지키고 있을 수도 없었다.

　그는 그녀가 아마 모든 것을 망각했으리라는 것을 알게 되었다. 그것이 그를 거북하게 만들지는 않았다. 그는 자신에게 그녀가 알고 있었던 것을 기억보다는 망각에 따라 간파하고자 하는 욕망이 있는 것은 아닌지 스스로에게 물어보았다. 그러나 망각…… 그는, 그 또한 망각 속으로 들어가야만 했다.

❖ "왜 당신은 그렇게 제 말을 듣고 있나요? 당신이 말할 때, 왜 당신은 여전히 듣고 있나요? 왜 당신은 이어서 제가 해야만 하는 이 말을 제게서 이끌어 내나요? 결코 당신은 대답하지 않지요. 결코 당신은 자신에 대한 어떤 것도 듣지 못하게 하지요. 그러나 제가 아무것도 말하지 않으리라는 걸 알아 두세요. 제가 말하는 것은 아무것도 아닙니다."

의심할 바 없이 그녀는 자신이 말했었던 것을 그가 반복하기를, 단지 반복하기를 원했다. 그러나 결코 그녀는 나의 말들 가운데 자신의 말들을 알아보지 못했다. 내가 그 가운데 나도 모르게 어떤 것을 변하게 만들어 놓았던 것일까?

그 자신을 위해 낮은 목소리로, 그를 위해 더 낮은 목소리로. 듣기도 전에 반복해야만 하는 말, 어디에서도 떠돌지 않지만 어디에나 머물러 있는, 그가 따라가고 있는, 흔적을 남기지 않는 웅성거림, 반드시 그것을 그대로 놔두어야만 한다.

언제나 그것은 말하지 않으면서 다만 다시 거기에 있는 오래된 말이다.

❖ 이것은 허구가 아니다. 그가 모든 것과 관련해 실제라는 말을 입 밖에 낼 수 없음에도 불구하고 그렇다. 그에게 어떤 것이 와 있었고,

그는 그것이 실제인지 아닌지 말할 수 없다. 이후에 그는 사건이 실제도 허구도 아닌 이러한 방식으로 일어났다고 생각했다.

❖ 초라한 방, 누가 한 번이라도 네게서 묵었던 적이 있었더냐? 여기 네 안이 추운데, 내가 네게서 묵은 적은 얼마나 적은가? 나는 다만 내가 머물렀던 흔적들을 지우기 위해 여기 남아 있는 것이 아닌가?
  다시 한 번, 다시 한 번, 걸어가면서 그러나 언제나 제자리에서, 다른 지역, 다른 도시들, 다른 길들, 그러나 같은 지역.

❖ 그녀가 말하지만 아직 말하지 않고 있다는 느낌이 그에게 자주 들었다. 그는 기다리고 있었던 것이다. 그는 그녀와 함께 갇혀서 기다림이라는 불안정한 거대한 순환운동에 들어가 있었다.

❖ "제가 당신에게 말할 수 있도록 해보세요." — "그래요. 그러나 그러기 위해 당신은 제가 무엇을 해야 한다고 생각합니까?" — "당신이 저를 듣고 있다고 설득해 보세요." — "그러니까, 시작해. 내게 말해." — "당신이 저를 듣고 있지 않은데, 어떻게 제가 말하기를 시작할 수 있나요?" — "잘 모르겠어. 나는 너를 듣고 있는 것 같아." — "왜 제게 말을 놓죠? 당신은 누구에게도 결코 말을 놓지 않잖아요." — "그것이 바로 내가 너에게 호소하고 있다는 증거야." — "저는 당신에게 말하라고 요구하지 않아요. 들으세요. 다만 들으세요." — "너를 들으라는 건지, 아니면 그냥 들으라는 건

지?" ── "아니 저를 들으라는 게 아니라, 당신이 이미 잘 알고 있습니다. 들으세요. 다만 들으세요." ── "그래, 그러면 네가 말할 때, 말하는 자가 네가 아니기를."

따라서 언제나 단 하나의 언어로 이중의 말을 듣게 해야 한다.

그것은 그녀가 그와 함께 이어가고 있었던 일종의 싸움, 그에게 요구하고 그를 인정하기 위한 그녀의 침묵의 해명이었다.

❖ 그러나 그는 첫날부터, 진정으로 첫날은 아니었던 그날을, 그녀가 거기 있는 것에 그렇게 거북해하고 당황스러워하면서 거의 짜증스러워하는 것처럼 보였고, 그가 그녀를 용납하면서 스스로를 용납하기를 기다렸던 그날을 경계해 오지 않았던가?

그래서 그는 젊음의 힘으로 대답하기를 주저하지 않았다. 그때는, 모든 것이 가능해 보였고, 그가 언제나 주권을 갖고 정확하게 중요한 세부적인 것들을 되는 대로 메모해 두고, 나머지는 결코 불확실하지 않았던 기억에 맡겨 두면서 어떠한 조심도 하지 않았던 빛나는 시기였다.

❖ 마치 그녀는 그와 함께 있던 이 방에 대해 그가 자세하게 묘사해 주기를 기다리고 있었던 것 같았다. 아마도 그녀가 정말 거기에 있었다는 것을 확실히 하기 위해. 아마도 그러한 묘사에 따라, 그녀가 다른 어떤 사람이 묵었던 똑같은 이 방이 떠오를 것이라고 예감했기 때문에.

오래전부터 기다려야만 했던 것이 기다림 속에 계속 남아 있을 것만을 요구하는 그러한 기다림의 극점에서, 아마도 최후일, 아마도 영원한 순간에. 여전히 우리 가운데의 한 인간.

 우리가 아는 것을 무시하도록 해보자. 다만 그뿐이다.

❖ 그는 어깨에 무엇을 짊어지고 있었던가? 그 자신 안의 어떠한 부재가 그를 짓누르고 있었는가?

❖ 그래서 그는 관심보다는 무위無爲에 따라 방을 바라보고자 했다. 그것은 한 호텔 방이었다. 좁고 긴, 아마 비정상적으로 긴.

❖ 그는, 그녀가 모든 것이 어떻게 되었는지 말하려고 하지 않았다는—아마 그녀는 그에 대해 덧붙여서 말했을 것이다— 것을, 그녀가 차가운 고통 속에서 그녀 자신에게 맡겨진 것 같았던 어떤 말들과 씨름하고 있었다는 것을, 미래, 또는 아직 지나가 버리지 않았지만 그래도 이미 현재하고 그래도 이미 과거가 되어 버린 것과 관계를 유지하려고 애쓰고 있었다는 것을 깨달았다. 그때 그는 처음으로 두려움을 느꼈다. 우선 그는 아무것도 모르게 될 것이며(그리고 그는 자신이 얼마나 알기를 원했었는지 확인하게 될 것이다), 이어서 자신이 끝점에 이를 시점이 언제인지 결코 알아차리지 못하게 될 것이다. 그 사실로부터 진지하고 하찮으며 결말도 없고 전망도 없는 어떠한 실존이 귀결될 것인가. 그리고 그녀와의 관계에서는 지속적인 거짓말만이 남게 될 것이다.

❖ 이 방의 특징은 그 빈 곳에 있다. 이 방에 들어올 때, 그는 그 빈 곳에 주목하지 않는다. 그것은 한 호텔 방이고, 그가 묵어 왔고 좋아하는 종류의 보통의 수수한 호텔이다. 그러나 그가 이 방을 묘사하려고 하자, 그곳은 빈 곳이 되고, 그가 사용하는 단어들은 그 빈 곳만을 덮어 주게 된다. 하지만 그녀가 그에게 여기는 침대, 저기는 탁자, 당신이 있는 곳에는 안락의자라고 말할 때, 그녀는 얼마나 큰 관심을 갖고 그 빈 곳을 주시하고 있는가.

그가, 그녀 자신은 실제하게 만들지 못하지만 앞에 갖고 있는 것 같은 이 진실의 심장에 이르기 위해 스스로 사용할 수 있을 어떤 거대한 힘을 소유하고 있다고, 그녀는 생각했고, 어쨌든 그도 그렇다고 느꼈다. 그러나 그는 이해할 수 없는 부주의로 인해 그 힘으로 뭔가를 하기를 거부하고 있었다. "당신은 왜 자신이 할 수 있을 모든 것을 하지 않나요?" —— "그런데 제가 무엇을 할 수 있습니까?" —— "당신이 하는 것 그 이상을." —— "그래요, 그 이상을 할 수 있지요. 약간 그 이상을", 그는 쾌활히 덧붙였다. "저는 당신을 알게 된 이후로 그런 느낌이 자주 들었습니다." —— "좀 진지해 보세요. 당신은 왜 자신이 갖고 있는 것을 알면서 그 힘을 사용하지 않나요?" —— "어떤 힘 말입니까? 왜 당신은 제게 그런 말을 하나요?" 그러나 그녀는 침착하고 완강하게 같은 말을 했다. "당신이 소유하고 있는 그 힘을 확인해 보세요." —— "저는 그것을 모르고, 그것은 제 것이 아닙니다." —— "바로 그것이 그 힘이 당신의 일부라는 증거입니다."

목소리들이 거대한 빈 곳에서 울려 퍼진다. 목소리들의 빈 곳에서, 그리고 이 빈 장소의 빈 곳에서.

❖ 말들은 기억이 떠오르도록 그녀를 도와야 하지만 그녀 안에서 기억을 바래게 만든다.

그녀의 기억 속에, 단지 기억될 수 없는 고통들뿐.

❖ 그녀를 잘 들으려는 그의 욕망은 오래전부터 침묵의 욕구로 바뀌었고, 그녀가 말했던 모든 것은 그의 침묵의 욕구의 냉담한 밑바닥을 이루고 있었을 것이다. 그러나 오직 듣는 것만이 그 침묵을 자라나게 할 수 있었다.

그들은 서로 언어 속에서 궁핍을 찾고 있었다. 그 점에서 그들은 일치했다. 언제나 그녀에게는 너무나 많은 말들과 하나의 지나친 말이, 나아가 초과를 향해 말하는 너무나 풍부한 말이 있었다. 그녀는 겉으로 보아 그다지 많이 배운 사람 같지 않았지만, 아무것도 환기시키지 않는 추상적인 말들을 언제나 좋아하는 것처럼 보였다. 그녀는, 그리고 그녀와 함께 그는, 이 이야기 한가운데에서 이끌어 낼 어떤 것으로부터 자신을 보호하기 위해 피난처를 만들고자 하지 않았는가? 그가 그 사실을 믿었던 순간들이, 그리고 그가 그 사실을 믿도록 만들었던 문장들이 있었다.

그에게 이 이야기에 들어올 것을 제안하면서 그녀는 그를 자신을 표현하려는 의지로 몰아가고자 했지만, 아마 동시에 그의 안에서 그 의지를 파괴하기를 원했을 것이다.

❖ 뒤로 돌아가서는 안 된다.

❖ 기다리는 것, 즉 기다림을 하나의 중성적 행위로 만드는 것에 주의하는 것, 자기에게 감겨서, 가장 내부의 것과 가장 외부의 것이 일치하는 그러한 원들 사이에 끼여서, 예기치 않은 것으로 다시 향하는, 기다림 속에서의 부주의한 주의. 어떠한 것도 기다리기를 거부하는 기다림, 발걸음마다 펼쳐지는 고요의 자리.

그는 감추어져 있고 극도의 주의 깊은 행위에 깔려 있을 경우에만 이를 수 있는 원초적인 부주의 가운데 있다는 느낌을 확인한다. 기다리면서, 그러나 기다릴 수 없는 것 아래에서.

그녀에게 기다린다는 것은, 자신이 그에게 잘 끌어갈 의무를 부여한, 그리고 결과적으로 하나의 목표를 향해 점차 나아가야만 하는 한 이야기 속에 자신을 맡겨 둔다는 것을 의미하는 것처럼 보인다. 그는 원초적인 부주의 가운데 있지 않다면 주의란 헛된 행위일 수밖에 없다고 느끼지만, 이 이야기에 따라 그는 점차로 그 원초적인 부주의에서 벗어나도록 주의해야 할 것이다.

기다린다는 것, 무엇을 기다려야만 했는가? 만약 그가 그렇게 묻는다면, 그녀는 놀랄 것이다. 왜냐하면 그녀에게는 기다린다는 것만으로 이미 충분히 말이 되었기 때문이다. 누군가 어떤 것을 기다리게 되자마자, 보다 덜 기다리게 되었다.

❖ 신중함과 침묵의 기다림으로 인해 그에게 대단한 압력이 전해져 왔다. 오래전부터 그들은 스스로 제시했던 결말에 이르기를 더 이상 희망하지 않았다. 그는 그녀가 그것에 대해 계속 말하고 있었다는 것조차 더 이상 알지 못했다. 그는 남몰래 그녀를 바라보았다. 아

마 그녀는 말을 했을 테지만, 그녀의 얼굴에는 스스로 했던 말에 대해 좋게 받아들이는 기색이 전혀 없었고……

❖ 그는 그것을 하지 않을 것이다.
"만약 당신이 그것을 하지 않는다면, 그래도 당신은 그것을 하게 될 거예요." —— "그러나 당신은 그것을 원하나요?" —— "아, 당신은 그렇게 빠져나갈 수 없을 거예요. 만약 당신이 그것을 한다면, 제가 그것을 원하게 될 거예요." 그는 생각해 보았다. "아마 이전이라면 저는 그것을 할 수 있었을 겁니다." —— "그런데 언제?" —— "그러니까 제가 당신을 몰랐을 때." 이 말은 그녀를 웃게 만들었다. "그런데 당신은 지금도 저를 몰라요."

❖ "예." 그녀는 진정 이 말을 하는가? 이 말은 너무나 투명해서, 그는 그녀가 하는 말을, 그리고 이 말 자체도 지나가 버리도록 내버려 둔다.

❖ "그것은 그렇게 여기서 지나가 버렸고, 그러면 당신은 저와 함께 있었나요?" —— "아마 당신과 함께. 지금 제가 당신 안에서 알아보지 않을 수 없는 어떤 자와 함께."
바깥에서 그는 실상을 보다 더 잘 볼 수 있기를 원했을 것이다. 즉 개시開始, commencement 대신에 원초적 빈 곳을, 이야기가 시작되는 것에 대한 강력한 거부를.
이야기, 그것은 그녀에게 무엇을 뜻하는가? 그는 언젠가 자신의 삶에서 빛을 발했던 말을 되돌려 본다. "어느 누구도 여기서 하나의 이야기에 엮이게 되기를 원하지 않는다." 거의 꺼져 가는, 그러나 여전히 그를 뒤흔들어 놓고 있는 기억.

❖ "저는 당신이 원하는 모든 것을 할 것입니다." 그러나 이제 그러한 말은 더 이상 그녀에게 충분하지 않았다. "저는 당신에게 도와달라고 요구하는 게 아니에요. 저는 당신 또한 거기 있으라고, 그리고 기다리라고 요구하는 거예요." ── "제가 무엇을 기다려야 합니까?" 그러나 그녀는 이러한 질문을 받아들이지 않았다. 누군가 어떤 것을 기다리게 되자마자, 보다 덜 기다리게 되었다.

❖ "당신에게 말할 때, 마치 제 자신을 감싸 보호하고 있는 제 자신 전체가 저를 버리고 노출시키며 너무 약하게 만드는 것 같습니다. 제 자신 전체는 어디로 가버린 걸까요? 당신 안에서 저를 배반하고 있는 걸까요?"

그가 예감하는 것은, 기억이 그녀 안에서 기억되고 떠오를 수 있도록 그가 충분히 그녀를 멀리 데려가기를 그녀 자신이 기다리고 있다는 것이다. 바로 그 점을 그들은 매 순간 끊임없이 떠올린다.

모든 사람의 눈에 비밀스럽게.

마치 생각 속에 고통의 공간이 있는 것처럼.

❖ 그는 눈을 감으며 스스로에게 말했다. "그래, 네가 원치 않는다면, 나는 포기할 거야." 그는 그녀가 아마 모든 것을 망각했으리라

는 것을 알게 되었다. 그 망각이 바로 그녀가 그에게 말하기를 원했을 것의 일부였다. 처음에 젊음의 힘과 자신에 찬 확신으로 그는, 그녀가 알고 있었던 것과 매우 흡사하고 기억보다 더 흡사한 것처럼 보였던 그 망각에 대해 기뻐했고, 바로 망각을 통해 그녀가 알고 있었던 것을 간파하고자 했다. 그러나 망각…… 그는, 그 또한 망각 속으로 들어가야만 했었다.

❖ **내가 네게 말할 수 있도록 해.**
"제가 무엇을 말해야 하나요?" ─ "당신은 무엇을 말하기를 원합니까?" ─ "제가 말하게 되면, 이 말하려는 의지를 파괴시켜 버릴 것을."

말할 때 그녀는 단어들을 이미 있는 풍요로운 언어와 연관 지을 줄 모른다는 느낌을 주었다. 그들에게는 이야기가 존재하지 않았고, 그들은 모든 사람의 과거와 연결되지 않았으며, 그녀 자신의 삶과, 어느 누구의 삶과도 관계 없이 있었다. 하지만 그들이 말했던 것은, 단지 애매함이 없었기 때문에 의심스럽게 되었던 엄밀함을 갖고 말했던 것이었다. 마치 그들은 하나의 유일한 의미signification를 간직하고 있는 것 같았고, 그 의미 바깥에서 그들은 다시 침묵을 지켰던 것이다.

모든 이 이야기의 의의sens는, 끝에 가서만, 또한 끝에 삶의 숨결로서만, 전체의 부동의 움직임으로서만 드러나는 의의, 나누어질 수 없는 어떤 긴 문장이 갖고 있는 의의였다.

그는, 그녀가 했던 말 옆에서, 마치 그 배면에서, 그러나 깊이도 없고 높낮이도 없지만 실제로 위치를 가늠할 수 있는 자리에서 그녀의 말과는 거의 아무런 공통점이 없는 어떤 말을 듣기 시작했다.

❖ **내가 네게 말할 수 있도록 해.**

❖ 그녀는 순종하면서 그와 대립하여 그를 거부했다. 그는 모든 것이 모호하다는, 어쩌면 혼란스럽다는 것을 알았고, 그녀의 현전은 하나의 의문을 남겼다. 이어서 그들의 관계의 끈이 끊어지는 순간들이 계속 찾아왔고, 그때마다 그녀는 자신의 고요한 현실을 되찾았다.

그리고 그는 그녀가 연약해진 자신을 발견하게 되는 특별한 상황에 있다는 사실을 보다 잘 보게 되었으며, 그녀는 그 상황으로부터 때로 말할 수 있는 권위를 끌어냈다. 그러나 그는? 그는 그녀를 들을 수 있기에는 너무 강하지 않았던가? 그녀 고유의 실존이 갖는 넓게 퍼진 의의에 너무나 확신을 갖고 있었고 너무나 그 움직임에 끌려갔던 것은 아닌가?

그녀가 했던 말에서, 그녀가 말했던 가장 단순한 문장들에서 부족한 것은 무엇이었던가?

❖ **내가 네게 말할 수 있도록 해.** 그녀는 이 말을 하기를 진정으로 원했는가? 그녀는 이 말을 해서 후회하지 않을 것이라고 확신하는가? "아니에요. 저는 후회할 거예요. 이미 후회하고 있어요." 그리고 그녀는 약간 슬프게 덧붙였다. "당신 역시, 당신도 후회할 거예요." 곧

이어 그녀는 분명히 했다. "저는 당신에게 모든 것을 말하지는 않을 거예요. 거의 아무것도 말하지 않을 거예요." ── "그렇다면 시작도 하지 않는 것이 낫겠지요." 그녀는 웃었다. "그래요. 그러나 문제는 제가 이미 시작했다는 거예요. 지금."

　그는 가장 흔한 단어들로 표현하지 못할 것이 없다는 것을 알고 있다. 그러나 그럴 수 있기 위한 조건은, 그가 이 똑같은 비밀을 알아채는 것이 아니라 거기에 들어가 있어야 하며, 이 세계의 빛과 연관된 자신의 한 부분을 버려야만 한다는 것이다.

　그는 자신이 알았던 것을 사실은 결코 알 수 없었으리라. 바로 그것이 고독이었다.

❖ "그것을 내게 줘." 그는 이 명령을 마치 자신에게 주어진 동시에 자신으로부터 나온 것처럼 듣는다. "그것을 내게 줘." 간청 같지도 않고 정확히 명령 같지도 않은 말, 백색의 중성적인 말, 그는 어느 정도의 희망 속에서 자신이 그 말에 언제나 저항하지는 못하리라고 느낀다. "그것을 내게 줘."

❖ 그는 이 순간 벗어나기를 원하지도 않고 가장 오래된 이전의 실수들의 반복일 뿐인 어떤 실수를 범한다. 그는 그것을 알지조차 못하며, 누군가 그에게 "그러나 이 생각, 그것은 늘 같은 생각이야"라고 말할 때, 그는 다시 생각해 보는 것에 만족하며 결국 이렇게 대답한다. "완전히 같은 생각은 아닙니다. 그리고 저는 그것을 조금 더 생각하고 싶습니다."

나는 내가 이미 들었던 것만을 들을 수 있다.

❖ 그는 스스로, 그녀가 삶을 끝내는 쾌락을 놓치지 않고 이어가기 위해 삶 가운데 남아 있는 것은 아닌가라고 묻는다.

❖ 스스로 떠날 수 있다는 것, 그는 그러한 보장 덕분에 머무를 수 있다는 사실을 알았다. 그러나 그에게 개인적으로 가장 쉬운 일인 떠나는 것이, 다른 관점에서는 실행될 수 없는 결단이었다. 그는 떠날 것이지만, 결국 머무를 것이다. 그것이 그녀가, 그녀 또한 그 주위에서 방황하고 있었던 진실이었다.

마치 이미 하나의 증거와도 같았던 무관심 속에서 그는 자신에게 이제 또 다른 형태로 머무르고 있는 것은 아닌가라고 물었다. 그는 어느 한순간 이미 떠났었기 때문에 거기 있었던 것이다.

그는 그녀에게 말하도록 강요했다. 이제 그는 그 사실을 알게 되었다. 그는 그녀가 들어오자 곧 방문을 닫았다. 그는 그 방에, 다른 방을, 그녀에게 묘사해 보여 주었던 대로의 그 방을, 그러나 똑같은 방을 가져다 놓았다. 그랬다. 그것은 비슷한 방이었지만— 그렇게 그는 그녀를 실망시키지는 않을 것이었다— 다만 매우 빈약한 단어들 때문에 더 초라했고 몇몇 명사名詞들의 공간으로 줄어들었으며, 그는 그 공간 바깥으로 그녀가 빠져나오지 못하리라는 것을 알았다. 얼마나 그들은 이 닫힌 장소에서, 그녀가 말했던 단어들이 닫혀 있다는 그 사실만을 의미했던 그곳에서 함께 숨 막혀 했던가. 그녀는 이렇게, 다만 이렇게 "우리는 갇혀 있고 이제 여기서 더 이상

나갈 수 없어요"라고 말했던 것은 아닌가?

   그는 그 사실을 천천히, 그러나 갑자기 깨달았다. 이후로 그는 출구를 찾을 것이다. 그는 출구를 발견할 것이다.

❖ 하지만 모든 것은 변하지 않은 채로 남아 있을 것이다.

❖ 몇 걸음 떨어져서 비스듬히 벽에 나 있는 두 창이 방을 밝혀 주고 있다. 빛은 검은색의 육중하고 단단한 탁자까지 거의 고르게 스며든다. 탁자 가까이, 빛이 이르지 못하지만 매우 밝은 부분이 시작되는 곳에서 그녀는 팔걸이에 손을 대지 않고 안락의자에 똑바로 앉아 천천히 숨을 쉰다.

   "당신은 그렇게도 이 방에서 나가기를 원합니까?" ─ "그래야만 해요." ─ "당신은 지금 나갈 수 없을 겁니다." ─ "그래야만 해요. 그래야만 해요." ─ "당신이 모든 것을 말해야만 그럴 수 있습니다." ─ "당신에게 모든 것을 말하겠어요. 당신이 원하는 모든 것을 말하겠어요." ─ "당신이 말해야만 하는 모든 것을." ─ "그래요. 당신이 들어야만 하는 모든 것을. 우리는 같이 머무를 것이고, 저는 당신에게 모든 것을 말할 거예요. 그러나 지금은 아니에요." ─ "저는 당신이 나가는 것을 막지 않을 것입니다." ─ "당신은 잘 알고 있듯이 저를 도와야만 해요."

❖ 네가 나와 함께 갇혀 있다는 것도, 네가 내게 아직 말하지 않은 모든 것이 너와 바깥을 갈라놓는다는 것도 진실이 아니야. 우리는,

나도 너도 여기 있는 게 아냐. 오직 몇몇 너의 말들만이 여기를 가로질러 갔을 뿐이고, 우리는 그것들을 듣고 있지.

❖ 당신은 저와 헤어지기를 원하나요? 어떻게 그럴 수 있는지요? 당신은 어디로 갈 건가요? 당신이 저와 헤어져 있지 않을 수 있는 그 곳은 어떤 곳인가요?

❖ 만일 네게 무슨 일이 일어났다면, 나는 견딜 수 없기에 어떻게 그것이 무엇인지 알기까지 기다리기를 견딜 수 있는가? 만일 네게 무슨 일이 일어났다면 — 설사 그것이 한참 후에야, 내가 사라지고 나서 오랜 시간이 지나서 네게 일어난다 하더라도 — 지금 당장 어떻게 그것이 견딜 수 없는 것이 아닐 수 있는가? 그렇다. 나는 그것을 완전하게 견뎌 내지 못한다.

❖ 기다리는 것, 단지 기다리는 것. 기이한 기다림, 모든 점들로부터 똑같이 놓인 공간처럼 모든 순간에 똑같은 기다림, 공간과도 같은, 계속되는 압력을 주는 동시에 주지 않는 기다림. 우리 가운데 있었지만 이제 바깥으로 지나가는 고독한 기다림, 어떠한 것도 더 이상 기다리지 않게 하고 우리가 기다리는 것 너머에서 기다리도록 우리를 몰아가는, 우리 없는 우리의 기다림. 무엇보다 먼저 내밀성, 무엇보다 먼저 내밀성에 대한 무관심, 무엇보다 먼저 서로 무관한, 관계 없이 맞닿아 있는 순간들의 연속.

그는 자주 고통스럽게 그녀를 고려하지 않고자 애썼다. 그녀는 약간의 공간만을 차지하고 있었다. 그녀는 두 손을 탁자 위에 놓고 똑바로 앉아 있었고, 그래서 그는 눈을 들어 보아도 그녀의 빈 두 손밖에 볼 수 없었다. 그는 그녀가 일어나서 방 안을 가로질러 가고 있다고 생각했다. 그러나 그녀는 거기에 있을 뿐이었다.

"당신은 이미 모든 것을 알고 있어요." ― "예, 저는 모든 것을 알고 있습니다." ― "왜 제가 당신에게 그것을 말하도록 강요하나요?" ― "저는 당신에게서 당신과 함께 그것을 알고 싶습니다. 그것은 우리가 오직 함께 알 수 있는 어떤 것입니다." 그녀는 생각해 보았다. "하지만 당신이 그것에 대해 약간 더 모르게 될 수도 있지 않나요?" 이번에는 그가 생각해 보았다. "그렇게 되어 봐야 아무것도 아닙니다. 당신은 그것을 말해야만 합니다. 한 번, 단 한 번. 저는 당신이 그것을 말하는 걸 들어야만 합니다." ― "제가 그것을 한 번 말하게 되면, 저는 그것을 언제나 말하게 될 거예요." ― "그래요. 그겁니다. 언제나."

"저는 그것을 알기를 원하지 않습니다. 원하는 것은, 제가 그것을 알 일이 없도록 당신이 그것을 제게 말하는 것입니다." ― "아니, 아니에요. 그건 아니에요."

❖ 그는 알고 있었다. 그에게는, 그녀도 알고 있고 여기 어딘가에 텅 빈 곳이 있는 것처럼 보였다. 그는 참을성 있게 상관없는 상념들을 강압적이지 않게 물리치면서 물음을 던졌으며, 보다 신중하게 정신을 쏟았더라면 위치를 정해 놓을 수 있을 한 장소에서 빈 곳이 발견된다고 지체 없이 결론을 내렸다. 그 장소에 대해 생각해 보기 위해,

그 장소를 기억하기 위해서조차 그에게는 너무나 큰 노력이 필요했다. 마치 그의 생각 내부에서 깨어나자마자 생각할 수 없게 되어 버리는 어떤 고통이 자리 잡는 것만 같았다. 그러나 그날 그는 보다 멀리 나아갔다. 그는, 만일 자신의 현전을 염두에 두지 않고 그것을 그녀의 현전 주위에 갖다 놓으면서, 그 방을 급하지 않게 정확하게 세밀히 묘사할 수 있었다면, 자신에게 가끔은 위협적으로, 가끔은 즐거운 것 또는 위협적인 즐거움을 주는 것으로 나타났던 어떤 것의 지배 하에 둘 모두를 두는 결핍되고 부족했던 것을 거의 틀림없이 발견할 수 있으리라고 생각했다. 그는 이 방을 바라보는 것을 별로 좋아하지 않는다는 것을 알고 있었지만, 다만 그녀가 집요하게 침묵으로 이 방을 늘 다시 묘사해 주기를 요구했던 이후로 그랬다. 이전에 그는 이 방에 들어오자마자 상당히 아늑하다고 생각했었다.

  그에게는 부주의하다는 약점이 있었으며, 자신에게 근본적으로 충실치 못해 보이는 짓을 하게 되더라도 그 약점을 자신이 생각하고 말하는 모든 것과 연관시켜 보아야만 했다. 바로 그 약점에 따라 그가 쓰고 살아가는 모든 것이, 잘 알아볼 수 없는 필연성에 따라, 마치 불안정하고 유동적인 힘의 장처럼 정해지고 방향 지어졌다. 그 약점은 어떤 것이었는가? 그는 가끔 거기에 다가갔다. 그에 따라 그는 찾아낸 놀라운 것들을 집요하게 이해하고자 했다. 그리고 그때마다 그는 그 움직임을 반복할 준비가 되어 있었다. 마지못해서 그러나 자발적으로. 아니 자발적으로가 아니라 단지 마지못해서.

❖ 그는 참을성을 배웠다고 믿었지만, 다만 참을성이 없지 않게 되

었을 뿐이었다. 그는 사실 참을성 있는 것도, 없는 것도 아니었고, 다만 참을성과 참을성 없음 모두의 결핍 속에 있었을 뿐이고, 그 사실로부터 그는 궁극적인 힘을 얻어 냈다고 생각했다. 참을성 없이, 참을성 없지 않게, 동의하지도 거부하지도 않으면서, 내버려진 채 포기하지 않으면서, 부동不動 속에서 움직이며.

 우수憂愁 속에서, 그러나 조용한 확신 속에서 얼마나 그는 결코 '나'라고 더 이상 말할 수 없을 것이라고 느꼈던가.

❖ 각 순간과 마주해 우리는 언제나 마치 그것이 영원인 것처럼 여기고 나아가야 한다. 그리고 각 순간은 우리에게서 다시 덧없는 것이 되어 버리기를 기다린다.

 그들은 언제나 자신들이 거기에 더 이상 있지 않을 순간에 대해 이야기했지만, 거기에 언제나 있어서 그러한 순간에 대해 이야기할 것임을 알고 있었고, 자신들의 영원성을 그 끝으로 가져가는 것보다 더 훌륭한 것은 없다고 생각했다.

❖ 그가 주시하지 않았던 문이 있는가? 두 창이 나 있는 매끈한 벽이 있는가? 밤이 왔지만 같은 빛이 언제나 비추고 있는가?

❖ 오직 표현될 수 없는 것만을 표현할 것. 그러나 그것을 표현되지 않은 것으로 내버려 둘 것.

❖ 부정적인 어떤 것이 그녀로 하여금 말하도록 했다. 그는 그녀가

내놓았던 문장들 각각에서 결말을 낼 가능성의 자리를 마련해 놓고 있다는 느낌이 들었다. 그녀가 말했던 모든 것, 그녀는 분명히 그것을 자신의 실존을 담보로 옹호하지는 않으려 애썼다. 누군가 말한 것 뒤로 숨지 않을 수 있다면, 어떠한 삶도, 어떠한 온기도 단어들에게 내어 주지 않을 수 있다면, 자기로부터 멀어져. 하지만 가장 거대한 정념 속에서, 온기도 삶도 없는 정념 속에서 말할 수 있다면, 그렇다면 이제 바로 그녀가 말하고 있었다.

❖ 그가 그녀에게 한 번도 물어보지 못했던 것은 그녀가 진실을 말했던가라는 물음이다. 그러한 사실이 그들의 어려운 관계를 설명한다. 그녀는 진실을 말했다. 그러나 그녀가 말하였던 것 가운데에서는 아니다.

  그녀가 분명히 이렇게 밝힌 날이 있었다. "이제 왜 당신에게 대답하지 않는지 알 것 같아요. 당신이 제게 묻지 않았기 때문이지요." ― "그래요. 당신에게 묻지 않습니다. 그래야 하는데 묻지 않습니다." ― "하지만 당신은 항상 제게 묻고 있지요." ― "그래요. 항상." ― "그래서 제겐 대답해야 할 게 너무나 많은 거예요." ― "그러나 저는 아주 적게 물었을 뿐입니다. 그걸 인정하십시오." ― "제 삶으로 충분하기 때문에 아주 적게." 앞을 바라보면서 그녀는 거의 그 옆에 서 있었다. "제가 죽게 되면, 당신은 제가 여전히 대답할 수 있도록 하기 위해 반드시 저를 삶으로 부를 거예요." 그는 웃으면서 말했다. "제가 먼저 죽지 않는다면." "그러지 않기를, 더 안 좋을 거예요." 그녀는 거기서 멈추었고 다른 생각을 떠올렸다. "저는 단 하나만을 알 수 있어야 해요." "제가 단 하나만을 들을 수 있는 것처럼. 그러나 그것이 같은 것은 아닐까 두렵습니다. 우리는 주의해야만 할 것입니다."

 나는 이미 들었던 것만을 들을 수 있다.

❖ "저를 의심하나요." 그녀는 자신의 진실성, 자신의 말, 자신의 행동에 대해 말하고 싶어 했다. 그러나 나는 보다 큰 의심이 들었다.
 아, 그녀가 뭔가를 감추고 있었다는 것을 확신할 수 있었더라면. "너는 비밀을 갖고 있는가?"─"당신이 잘 알고 있듯, 지금 비밀을 갖고 있는 사람은 바로 당신이에요." 그래, 불행하게도, 나는 내게 비밀이 있다는 것을 알고 있었다. 그러나 그것이 무엇인지도 알지 못한 채.
 그리고 그녀는 끝내 갑자기 말했다. "제가 멈추지 않고 말했어야 하나요?"

❖ 너는 신중해야만 한다. 그러한 형상인가! 법에 따르지 않는 그것은 외현外現, apparence이다. 그것은 마치 이 장소의 한 특정 지점에 들러붙어 있는 것 같다. 만일 네가 그것을 보려는 욕망 때문에 나머지 모든 것을 내팽개치지 않는다면, 그것은 그 지점을 가시적으로 만들 것이다.
 밤의 사유들, 언제나 더 빛나고 더 비인칭적이며 더 고통스러운 사유들. 항상 영원한 고통과 환희, 동시에 고요함.

❖ "저는 당신이 오직 자신 안의 냉담하고 무감각한 것을 통해 저를 사랑하기를 원합니다."

❖ 그 묘사가 완성되지 못해도 대수롭지 않다고, 언제나 완벽하다고, 다만 거기에 그들 고유의 부재만이 빠져 있다고, 그녀가 몇 번인가 그에게 암시하지 않았던가? 하지만 그녀가 그들의 부재에 대해 기뻐했는지 불안해했는지 알 수 없었다. "우리가 떠났을 때." 또는 다만 "당신이 이제 거기 없을 때." ── "그러면 또한 당신도 없을 것입니다. 당신도 더 이상 거기 없을 것입니다." ── "저도 없을 거예요. 저도 더 이상 거기 없을 거예요."

❖ 마치 살아 있는 두 몸처럼, 하나가 다른 하나에 바싹 밀착해 있는 두 말, 그러나 미확정적인 경계를 두고.

❖ 그녀는 아주 특별한 선의를 갖고 있었다. 그는 그녀에게 물었고, 그녀는 대답했다. 그녀의 대답은 사실 물음 그 이상이 아니었고 다만 묻는 것을 다시 막기만 했다. 그것은 그 자체로 다시 돌아오는 똑같은 말이었다. 그러나 그는 그것이 완전히 같은 말이 아니라는 것을 알게 되었다. 아마 그 똑같은 말이 되돌아오는 가운데 어떤 차이가 있었고, 그는 그 차이가 무엇인지 알았다면 많은 것을 알 수 있었을 것이다. 아마 그것은 시간의 차이였을 것이다. 아마 그것은 약간 지워진 말, 지워졌기 때문에 어떤 단수적 의의sens singulier로 약간 풍요로워진 말이었을 것이며, 마치 물음보다 대답에서 언제나 어떤

모자람이 있는 것 같았다.

"당신이 저와 관계없는 것들을 말할 때조차, 당신의 모든 말은 제게 던져진 물음이에요." ─ "모든 것이 당신과 관계있기 때문입니다." ─ "저와 관계있는 게 아니에요. 저는 여기 있습니다. 그것만으로 당신에게는 충분하지요." ─ "그렇습니다. 그것만으로 제게 충분하지요. 그러나 제게는 당신에 대한 확신이 있어야만 합니다." ─ "저에 대한 확신이 없나요?" ─ "당신에 대한, 당신이라면, 있지요." 그는 이미 느꼈던 것을 그녀에게 전해 주고자 했다. 즉 그녀가 있었던 곳에서, 무한으로 확장되지만 그날로 자취를 감추는 구별되지 않는 어떤 전체가, 사람들이 이룬 군중이 아닌 어떤 군중이, 헤아릴 수 없고 무규정적인 어떤 것이, 빈 형태로, 대단히 큰 수로만 현전할 수 있는 어떤 추상적인 연약함이 있었던 것이다. 하지만 그녀 자신은, 군중과 어떠한 관계에 있었든지, 군중 속에 실제로 자취를 감춘 적이 없었고, 반대로 자신을 보다 분명히 현전하게 하고 보다 설득력 있는 존재로 만드는 부드러운 권위 아래에서 군림했다.

"당신이 말했던 모든 것에서, 저는 마치 당신이 빨려 들어가게 된 어떤 다수多數를, 어떤 연약한 것을, 어떤 무섭기조차 한 연약함을 당신 주위에서 봅니다." ─ "저도 그것을 느껴요. 그것은 끊임없이 동요하고 있지요." ─ "실제로, 우리가 말하고 있는 것이 그렇게 가련한 것인가요?" ─ "가련한, 저는 그것이 겁나요. 제 잘못입니다." ─ "우리의 잘못이지요." 그녀는 기쁘게 말했다. "그래요, 그래요. 우리의 잘못이에요."

❖ 단어들을 가로질러서 다시 한 줌의 햇빛이 지나갔다.

❖ "언제 그가 당신에게 그것을 말했습니까?"―"그가 그것을 제게 말했나요?"―"그가 당신 곁에서 즐거워한다고 분명히 당신에게 말했습니까?"―"이상한 말이네요!" 그녀는 기분이 좋았다. "아니요. 그는 한 번도 그렇게 말한 적이 없어요." 이어서 약간 이상할 정도로 힘 있게, "그는 제 곁에서 즐거워하지 않았고, 누구 곁에서도 즐거워하지 않아요."―"아, 그 말이 많은 것을 말해 주는군요. 그는 동떨어져 살았습니까? 사람들을 보는 것을 그리 좋아하지 않았습니까?" 그녀가 대답할 여지를 갖기 전에, 그는 주저하지 않고 물었다. "그러면 왜 그는 거의 언제나 당신과 함께 있었습니까?" 그녀는 이 말을 자신 안에 담아 두어야 하는 말로 들었다. 그녀는 움직이지 않았고, 그는 그녀가 그러한 압력의 중심에 놓여 있는 것을 오랫동안 참을 수 있을지 스스로 물어보았다. 그러나 그녀는 거기에 저항하는 것 이상으로 잘해 나갔고, 놀랍게도 그에게 먼 과거의 어떤 고통스러운 의식을 일깨워 주면서 이전에 말했었던 것 이상의 말을 했다. "그래요. 그는 거의 언제나 저와 함께 있었어요."

그는 거의 언제나 그녀와 함께 있었다.

❖ 도시의 압력, 도처에서의 압력. 집들은 우리가 살기 위해서가 아니라 거리들이 존재하기 위해 거기에 있고, 거리들에는 도시의 끊이지 않는 움직임이 있다.

❖ "우리는 여기서 외롭게 있지 않아요." ── "그래요. 우리는 여기서 정말로 외롭게 있지는 않습니다. 우리가 그렇게 있는 걸 받아들일 수 있을까요?" ── "외롭게 있는 것, 각자가 자신을 위해 외롭게 있는 것이 아니라 함께 있기 위해 외롭게 있는 것." ── "우리는 함께 있습니까? 정말 그렇지는 않지요. 안 그런가요? 우리는 다만 분리되어 있을 때 함께 있을 뿐입니다."

❖ "우리는 함께 있습니까? 정말 그렇지는 않지요. 안 그런가요? 우리는 다만 분리되어 있을 때 함께 있을 뿐입니다." ── "우리가 분리되어 있다는 것, 저는 그것이 겁나요. 우리는 당신이 말하기를 원치 않았던 자기에 대한 모든 말로 인해 분리되어 있어요." ── "그러나 그로 인해 우리는 연결되어 있습니다." ── "연결된, 즉 분리된." 그녀는 어떤 기억 속에 잠겼고, 곧 그 기억으로부터 빠져나와 웃으면서 긍정했다. "제가 말하든 아니든 우리는 분리되어 있을 수 없어요."

아마도 그녀가 말할 수 없었던 것 앞에서 지워지는, 그의 안에 있는 너무나 강한 그 성향── 그녀가 그것을 비난했음에도 불구하고── 을 좋아하면서.

❖ "우리는 아직 기다리기를 시작하지 않았어요. 그렇지 않나요?" ── "무엇을 말하고 싶은 건가요?" ── "우리가 기다림이 시작되도록 할 수 있다면, 마찬가지로 기다림을 끝낼 수 있다는 걸." ── "그러나 우리가 기다림을 끝내기를 정말 원합니까?" ── "그래요.

우리는 그렇게 하기를 원하지요. 그것만을 원하지요."

"우리가 함께 기다린다면 모든 것이 변할 겁니다." ── "기다림이 우리에게 공동의 것이라면? 우리가 공동으로 기다림에 들어가 있다면? 그러나 우리가 기다리는 것, 그것은 바로 함께 있는 것이 아닌가요?" ── "그렇지요. 함께." ── "그러나 기다림 속에서." ── "함께, 기다리면서, 그리고 기다리지 않은 채."

❖ 그는 스스로 고독이 그녀의 현전과 관계가 있지 않는가라고 묻는다. 하지만 그 고독이 그녀의 현전과 직접적으로 관계있지는 않을 것이다. 왜냐하면 그녀가 그에게, 그로서는 완벽하게 그렇게 하지는 못하지만, 비인칭적인 방식으로 살아가기를 요구하기 때문이다. 그가 그녀를 만지고, 그녀가 즉각 동의하는 움직임 가운데로 그녀를 이끌었을 때, 그는 그들 둘의 이미지들이 거리 속에 놓여 있다는 것을 알았다. 미세한 거리 속에, 그는 그것을 다시 약간 줄일 수 있다는 희망을 버리지 않았다.

❖ 침대는 탁자와 평행하게, 두 창이 나 있는 벽과 평행하게 놓여 있다. 그것은 그들이 겹쳐 누워 있을 수 있을 만큼 꽤 넓은 소파이다. 그녀는 칸막이벽에 바싹 다가가 자신을 꽉 부여안고 있는 그에게로 돌아선다.

❖ 그는 주의하는 데에 따라 장소가 존재한다는 것을 알고 있다. 그곳은 하나의 주의의 장소이다. 그가 영원히 주의 속에 머물러 있다

할지라도, 주의는 한 번도 그를 향해 주어져 있지 않을 것이다. 그러나 그 역시 그러한 주의의 대상이 되기를 원하지 않는다.

어떤 극단의 비인칭적 주의 속에, 머물러야 할, 알지 못하는 어떤 냉담한 행복이 있다.

주의 속에서 그의 모든 것은 무시되며, 그는 무한한 부주의 속에서만 주의를 느낄 수 있고, 그 속에서 그는 주의에 사로잡혀 있다. 그러나 그는 주의 속에서 어떤 극단의 섬세함과 감각되지 않는 지속적인 접촉을 통해 언제나 이미 자기로부터 떨어져 나와 있었으며, 주의 속에서 그는 한순간 스스로 주의 자체가 되기 위해 자유로워진다.

❖ 신비는 설사 그것이 신비한 아무것도 아닌 것이라 할지라도 아무것도 아니다. 그것은 주의의 대상이 될 수 없다. 주의가 한결같고 그 자체에서 완벽하게 한결같으며 모든 중심의 부재로 향해 있을 때, 신비는 바로 주의의 중심이다.

주의 속에서, 주의의 중심은, 즉 내적·외적으로 보이는 것의 전망과 풍경과 배치가 주어지고 있는 중심점은 사라진다.

주의는 무위無爲이며, 그 속에 아무것도 없다. 어디로도 향해 있지 않은 빈 주의는 빈 곳의 빛남이다.

신비. 신비의 본질은, 언제나 주의 그 아래에 놓여 있다는 데에 있다. 또한 주의의 본질은, 주의 그 아래에 언제나 있는 것과 모든 기다림의 근거인 신비를 주의 속에서, 주의를 통해서 보존하는 데에 있다.

주의, 즉 주의를 벗어나는 것을 받아들임. 예기치 않은 것으로의 열림, 모든 기다림 속에 있는 예기치 않은 것인 기다림.

❖ 잠시 후 그녀는 말하기 시작했다. "당신에게 말하기를 원해요." 이어서 그녀는 끊임없이 그와 이야기했지만, 어떠한 말도 처음의 말만큼이나 그를 놀라게 하지는 못했다.

그녀는 그녀 자신과 마주하여 스스로를 놀랠 정도로 신중하지 못하게 드러냈는데, ─ 그가 의심하지 않았던 것처럼 ─ 거의 삶에서 불가능할 정도로 신중하기를 그에게 강요하는 것 이외에 그녀에게 다른 목적이 없었기 때문이다.

"당신은 이야기를 듣고 있죠. 마치 감동적이며 놀랍고 재미있는 어떤 것이 문제인 것처럼 말예요." 그는 바로 그렇게 듣는다.

단지 약간의 주의만을 요구하는 어떤 이야기를. 그러나 또한 주의하게 만드는 기다림을 요구하는 어떤 이야기를.

❖ 내 안의 누군가가 그와 이야기한다.

내 안의 누군가가 누군가와 이야기한다. 나는 그들을 듣지 못한다. 하지만 그들을 분리시켜 놓는 내가 없이, 그리고 내가 그들 사이에 유지시키고 있는 이 분리 없이, 그들은 서로를 듣지 못할 것이다.

❖ 그는 그녀가 빛에 이끌리고 있다는 것을 알아차렸다. 하지만 그가 결코 멈추지 않고 계속하기를 암묵적으로 받아들였던 묘사의 지점이 그 원천인 것 같았던 어떤 빛에.

그것을 마치 네가 기억하고 있는 것처럼 묘사하지 마.

❖ 그가 "그녀는 내게서 무엇을 기다리는가"라고 스스로 물을 때, 그는 그녀가 기다리지 않지만 기다림의 한계에 놓여 있다는 것을 예감한다.

❖ 그녀는 기다리지 않았다. 그는 기다리지 않았다. 하지만 그들 사이에 기다림이 있었다.

❖ 주의는 기다림이다. 그는 기다림 속에서 그 자신이 기다리는 것인지 알 수 없고, 기다림에서 그는 분리되어 빠져나와 있으며, 기다림은 그의 바깥에서 기다린다. 그는 다만 기다림과 함께 머무를 뿐이다.

그가 기다림에 따라 자신 안에서 모으는 주의를 통해, 그가 기다리는 것은 이루어지지 않으며, 단 하나의 기다림 속에서, 즉 이루어질 수 없는 것으로의 접근 속에서, 모든 이루어질 수 있는 것이 멀어져 간다.

오로지 기다림만이 주의하게 만든다. 어떠한 계획도 있을 수 없는 빈 시간은, 주의하게 만드는 기다림의 시간이다.

주의를 기울이면서 그는 자기에게 주의하지 않았으며, 어디에 연관된 것이든 아무것에도 주의하지 않았고, 다만 기다림의 무한 속에서, 기다림 너머의 극한으로 향해 갔다.

기다림은 기다리고 있는 모든 것을 포기하게 만들면서 주의하게 만든다.

  주의에 따라, 그는 자신을 예기치 않은 것으로 열리게 하고 도달할 수 없는 극한으로 향하게 만드는 기다림의 무한을 확보한다.

❖ 주의를 기울이지 않는 말들 이외에 다른 어떠한 위험도 더 이상 없었다.

  그는 결코 주의에서 벗어나지 못했다. 주의 속에 잔인하게 내버려져 있었다.

❖ 그는 하나의 말이 다른 것보다 더 중요하다고 생각하지 않았고, 각각의 말은 다른 모든 말보다 더 중요했으며, 각각의 문장은 근본적인 것이었다. 하지만 그 문장들은 말하지 않을 수 있었을 그 중 한 문장으로 전체가 회집되려 했다.

❖ "너는 그러한 말에 결코 대답하지 못할 것이다." 곧 그는 몸을 일으키고 묻는다. "누가 그렇게 말했는가?" 도처에서 어떤 거대한 침묵이 군림하고 있고, 그는 다시 묻는다. "누가 침묵을 지키고 있는가?"

  그녀는 말하고, 어느 누구도 그녀에게 침묵을 되돌려 주지 않으며, 어느 누구도 그녀에게서 침묵을 얻어 내지 못한다. 그는 그 사실을 잘 알고 있다.

❖ 그에게는, 그녀가 알아채지 못하게 뒤로 물러나 퇴각하는 움직임

속으로 그를 이끄는 것처럼 보였으며, 그럴 정도로 그는 그녀를 살펴보고 있었다. 움직이지 않은 채 그들은 움직이지 않는 자신들의 자리를 남겨 두면서 서로 물러나 있었다. 서로 겹쳐 누워서, 서로 부여안고, 그리고 그녀가 떨어져 나올 때, 그는 그녀를 다시 붙잡는다. 떨어져 나와서 그녀는 그를 다시 감싼다. 거리 없는 거리를 두고, 그가 아니라 그 거리를 만지면서.

❖ 공포의 미지의 공간.

❖ 일어나서 밤을 보냈던 방이 눈에 띄었을 때, 그는 자신의 선택에 만족했다. 그것은 그가 좋아했던 종류의 보통의 수수한 호텔의 한 방이었다. 꽤 좁은, 그러나 길었던, 비정상적으로 길었던. 그의 곁에 돌아누운 젊은 여자의 몸이 있었다. 그는 그녀가 자신에게 한밤중에 말했었다는 것을 기억했다.

❖ 그는 그녀에게 말했고, 그녀는 "당신이 그를 알게 된 것보다 더 오래전에 제가 그를 알았던 것은 아닙니다"라는 말에 놀라는 것처럼 보였다. 잠시 후 그녀는 그러한 말을 반박하고자 했다. "제가 당신을 알게 되고 나서야 비로소 당신은 그를 모르게 된 거예요."
　"제 말이 갑자기 제게 들리게 된다면 무슨 일이 일어날까요?"
　"나를 듣기 위해 나를 들어서는 안 되고, 나를 들리도록 내주어야 합니다."

❖ 언제부터 그는 기다려 왔던가? 기다림은 언제나 기다림을 기다리는 것이다. 기다림 속에서 다시 개시하면서 끝을 유예시키면서, 그〔개시와 끝의〕간격에서, 또 다른 기다림의 간격을 열면서. 기다릴 것이 아무것도 없는 밤에 기다림의 그 움직임이 나타난다.

　기다린다는 것의 불가능성은 본질적으로 기다림에 속한다.

　그는 자신이 오직 기다린다는 것의 불가능성에 응답하기 위해서만 글을 써 왔다는 사실을 알게 되었다. 따라서 말하여진 것은 기다림과 관계가 있었다. 이 빛이 그를 가로질러 갔고, 오직 그를 가로질러 갔을 뿐이다.

❖ 언제부터 그는 기다리기를 시작했었던가? 개별적으로 정해진 것들에 대한 욕망과 모든 것들의 끝에 대한 욕망조차 잃어버린 채 기다림을 위해 스스로 자유롭게 되면서부터. 더 이상 아무것도 기다릴 것이 없을 때, 기다림의 끝조차 기다리지 않을 때, 기다림이 시작된다. 기다림은 기다리고 있는 것을 무시하고 파괴한다. 기다림은 아무것도 기다리지 않는다.

　기다림의 대상이 얼마나 중요하든지 기다림의 움직임은 언제나 그 대상을 무한히 앞질러 간다. 기다림 속에서 모든 것들은 똑같이 중요해지고 똑같이 쓸데없어진다. 최소의 것을 기다리기 위해, 우리는 고갈될 수 없을 것처럼 보이는 기다림의 무한한 힘을 확보한다.

　"기다림은 위안을 주지 않아요." —— "기다리는 자들은 어떠한 것에서도 위안을 받을 일이 없습니다."

❖ 설사 기다림 속에서 그가 겪는 근심이 있다 하더라도, 기다림은 자체 안에 있는 고유의 고요한 근심으로, 오래전부터 그의 근심을 사라지게 했다. 그는 기다림을 위해, 기다림을 통해 해방된다고 느낀다.

❖ 그것들은 이미 너무 오래된 말들이었다. 그녀가 그 말들을 명확히 표현할 때, 그것들은 너무나 오랫동안 생각되어서 밖에서는 빛나고 안에서는 꺼져 가는 어떤 진실을 드러낸다.
   그녀가 말하는 모든 것들은 오래된 생각들과 이전의 말들을 드러낸다. 여기가 아닌 어느 곳에서 그는 그것들을 이해하게 되겠지만, 여기서 그는 그것들을 너무 늦게 들은 것이다.

❖ 스스로에게 둘러싸여 그를 향해, 그로부터 돌아서 있는 그녀를 어떻게 그는 볼 수 있을 것인가? 그는 바라보자마자 자신을 바라보는 어떤 생각과 싸워야만 한다.

❖ "그것을 말하지 마십시오. 그것을 더 이상 생각하지 마십시오. 모든 것을 망각하십시오." ─ "저는 모든 것을 망각했어요. 당신 또한, 당신도 망각했습니다." ─ "그래요. 당신은 저를 망각했습니다."
   그들 사이에 실제의 대화가 없었다. 오직 기다림 속에서만 어떤 관계가, 기다리기 위해 한 말들이, 말들의 기다림이 그들이 말하는 것 가운데에서 이어진다.

❖ 기다림 속에서 모든 말은 느려지고 고독해진다.

❖ 그는 그녀보다 앞서야만 했고, 그녀가 따라오는지 확신하지 못한 채 언제나 앞서 나아가야만 했다. 그녀가 그에게 말해야만 했던 것, 그는 그녀가 자신에게 그것을 들려줄 수 있기 위해 필요했던 말들을 먼저 찾아내야만 했다. 그렇게 그들은 움직임의 내부에서 움직이지 않은 채 나아갔다.

❖ 언제나 같은 아침빛.

❖ 그녀를 너무 오랫동안 바라보고 있었을 때, 그는 마치 자신이 다시 바라보기를 겁내지 않을 어떤 사람의 부재처럼 그녀와 겹쳐지면서 그녀를 대신해 본다.

❖ 메마른, 언제나 더 성과 없고 더 텅 비어 있는 기다림. 기다림 속에서의 충만한, 언제나 더 풍요로운 기다림. 두 기다림은 같은 것이다.

❖ 그녀가 거기 있다는 생각. 하지만 그녀는 자신과의 비밀스런 관계를 긍정하면서 자신의 말을 통해 어쨌든 자신의 현전을 언제나 부인했다.

❖ 빈 곳의 헤아릴 수 없는 증식.

❖ 똑같은 날이 지나갔다.

❖ 그는 그녀를 한 번, 두 번, 무한히 여러 번 보았다. 그는 그녀 곁으로 지나갔고, 그녀의 현전을 지우지 않았다. 그녀가 그에 대해 아무것도 모른다는 것, 그는 그것을 한 번도 의심하지 않았다. 그녀는 그를 몰랐고, 그는 그 사실을 받아들였다. 그러한 이중의 고독으로부터 먼저 어떠한 도약이 있었으며, 어떠한 깊이 있는 삶이 있었던가. 그리고 결국 기만과 실수라는 무게가 얼마나 무겁게 눌러왔던가. 그 사실을 한 번 받아들였던 자는 끝없이 버텨야만 한다.

  그녀는 누구보다도 더 그가 하는 것과 말하는 것에 주의를 기울이면서도 그에게 무심하다.

  그에게는 그녀가 그의 현전을 의심하지도, 믿지도 않는 것처럼 보인다. 아마 그녀는 의심하지 않기 때문에 믿지도 않을 것이다.

❖ 그녀는 스스로 믿지 않았던 것에 모든 믿음을 걸었다.

❖ 그녀는 그가 하는 것에 주의를 기울이지 않는다. 그는 아무것도 하지 않고, 말하는 것과 관련해서는 더더욱 그렇다. 그는 듣는 것에 비해 적게 말한다. 아마 그 자신에게, 기다림을 통해 그 자신으로 빠져나온 그 자에게, 공간의 주의 깊은 무관심 자체인 그것에게.

  그것은 심장의 고동소리, 희망의 동요, 환상의 근심이었다.

❖ 그는 기다림을 견뎌 냈다. 기다림은 그를 영원으로 만들었고, 이

제 그에게는 영원히 기다릴 일만 남아 있다.

기다림이 기다린다. 기다림을 통해 기다리는 자는 기다리면서 죽어 간다. 그는 죽음 가운데 기다리기를 계속하며, 그에게 죽음은, 누군가 죽을 때 여전히 기다리고 있는 것을 기다리는 것이다.

죽음이 기다리고 있는 한 사건이라면, 죽음은 기다림을 끝나게 할 수 없다. 기다림 속에서, 죽어 간다는 사실은, 기다리는 것을 끝내기 위해 붙잡아서는 충분치 못한 어떤 것으로 바뀐다. 기다림은, 우리로 하여금 죽음을 기다릴 수 없다는 사실을 깨닫게 한다.

기다림 속에서 살아가는 자는, 기다림의 빈 곳인 삶과, 삶 저 너머의 빈 곳인 기다림이 다가오고 있음을 본다. 그 두 움직임이 불안정한 상태에서 뚜렷이 구별되지 않는다는 사실에 이제 기다림의 공간이 있다. 매 발걸음마다 우리는 여기 있지만, 또한 저 너머에 있다. 그러나 우리가 그 저 너머에 죽음을 통해 이르지 못한 채 이르게 되는 이상, 우리는 거기에 이르지 못하고 그것을 기다릴 뿐이다. 그 본질적 특성이 기다림 속에서만 이를 수 있는 것이라는 데에 있다는 것을 모르는 채.

기다릴 때, 기다릴 아무것도 없다. 기다림의 움직임 가운데 죽음은 기다릴 수 있는 것이 될 수 없다. 내밀한 고요함 한가운데에서 와 있는 모든 것이 되돌아가고, 죽음은 기다려서 붙잡기에 충분한 것으로 오지 않으며, 기다림 속에서 죽음은 유예되고 사라지며, 한결같이 비어 있는 기다림에 따라 지나가 버린다.

기다림과 죽음의 기이한 대립. 그는 죽음에 무관심한 기다림 속에서 죽음을 기다린다. 그렇게, 죽음은 죽음 자신을 기다리게 하지 않는다.

❖ 죽은 자들은 죽어 가면서 되살아났다.

❖ "당신은 제 물음들로 대답합니다." ── "저는 당신의 물음들을 대답으로 만듭니다."

❖ "당신은 그것을 결코 알 수 없을 거예요. 당신은 결코 제가 말하게 하지 못할 거예요. 결코 당신은 왜 제가 여기에 당신과 함께 있는지 알 수 없을 거예요." 그녀는 이러한 말을 그에게 전할 수 있는 표현들을 찾기 시작했다. 그때 여전히 무감각한 부동의 몸으로 남아 있는 그녀를 정념의 목소리가 되게 한 그 격렬한 움직임 속에서, 그는 그녀가 목소리를 바꾸지 않고, 아마 했던 말도 바꾸지 않은 채 자신에게 요구하는 것을 들었다. "제가 당신에게 말할 수 있도록 해보세요." 그는 이 간청을 이후로 잊을 수 없으리라.

며칠 동안 그는 말로, 침묵으로 그녀와 싸우고 있었다. "아닙니다. 저는 당신이 원하는 그러한 사람이 아닙니다." 한참 지나 그녀는 그 말에 끼어들었다. "만일 당신이 그러한 사람이라면, 당신은 어떤 사람인가요?" 그는 일종의 조심성과 아마 어떤 심각한 어려움 속에서 정확히 대답하기를 원하지 않았고, 그녀는 의기양양하게 결론을 내렸다. "보세요. 당신은 뭐라고 말할 수도 없고 뭐가 아니라고 부정할 수는 더더욱 없을 거예요."

❖ "당신은 저를 향해서 말하고 있는 게 아닙니다. 당신은 자신을 듣기 위해, 거기에 있지 않은 어떤 자를 향해 말하고 있지요." — "그런데 당신은 거기 있나요?" — "저는 거기 있습니다."

❖ 그는 한 번도 그녀를 꿈속에서 보지 못했다. 그녀는 한 번도 그를 꿈속에서 보지 못했다. 다만 그들은 서로가 서로를 위해 되기 원했던 자에 의해 서로를 꿈꾸었다.

❖ 그녀는 반쯤 돌아누워 있다. 침대 뒤의 탁자. 그는 침묵을 거의 투명하게 만들면서 이어지는 사각거리는 소리와 함께 글을 쓰고 있다. 갑자기 그녀가 그에게 질문을 던진다. "실상 너는 누구지? 너는 너일 수가 없어. 너는 어떤 자일 뿐이야. 누구지?" 그는 하던 일을 중단했고 머리를 숙인다. "나는 너에 대해 묻고 있어." 그 역시 스스로에게 묻는다. 그는 부드럽게 말한다. "의심하지 마. 나는 나 자신을 발견하게 해주는 그 자가 되기로 선택할 거야. 나는 바로 네가 방금 말했던 자야." — "누구?" 그녀는 거의 외친다. "그래. 네가 방금 말했던 자."

❖ 우리 둘 모두, 우리는 그것을 안다.

❖ 기다림이 타락한 결과, 권태. 정체 가운데에서의 기다림, 먼저 대상으로 여겨졌던 기다림, 그 자체로 자기만족을 가져다주는 것으로, 결국 그 자체에 대한 염증으로 여겨졌던 기다림. 그러나 기다림,

기다림 속에서의 고요한 고녀. 사유가 기다림 속에 현전하는 고요히 자리 잡은 공간이 되어 버렸던 기다림.

❖ 그녀는 탁자 위에 움직이지 않은 채 앉아 있었다. 그녀는 침대 위에 그로부터 돌아누워 있었다. 자주 그녀는 문 가까이에 서 있었고, 아주 멀리서 다가왔다. 처음에 그는 그녀를 그렇게 보았었다. 서서 그녀는 아무 말도 하지 않고, 주위를 둘러보지도 않으면서 들어왔었다. 마치 그녀는 예전부터 언제나 자신 안에 공간의 현전 전체를 모아 두고 있는 것 같았다. 장담컨대 만약 그가 이전부터 오랫동안 모든 유형의 여성 각각을 가깝게 느끼는 친밀감을 갖고 있지 않았더라면, 그는 이 방에서 즉시 스스로를 침입자로 느꼈으리라. 그때 그가 즉시 그녀에게 신호를 보내는 데 주저하지 않았었던 것처럼, 이제 그는 그녀가 오고 있는 것을 보면서 어떠한 특별한 것도 보지 않았다. 그녀는 거기 있었고, 그는 그녀가 다시 떠나게 내버려 두지 않을 것이다.

그는 거기 있었고, 그녀는 그가 다시 떠나게 내버려 두지 않을 것이다.

❖ "내가 너를 버렸다고 네가 기억할 때, 그것은 사실이다. 내가 너를 버렸던 것조차 아니라고 네가 슬프게 말할 때, 그것은 사실이다. 그러나 나는 내 자신으로부터 버림받은 것이라고 네가 생각할 때, 도대체 누가 지금 네 곁에 남아 있는가?"

❖ "오십시오." 그녀는 마지못해서가 아니라, 놀라울 정도로 그의 주의를 끈 어떤 심오한 부주의에 따라 천천히 다가갔다.
  그녀는 말했지만, 그는 그녀를 듣지 않았다. 그는 오직 자신의 주의 속으로 그녀를 이끌기 위해 그녀를 들었을 뿐이다.

❖ 협소한 현전, 넓은 장소.

❖ "아, 결국 당신이 솔직하게 그것을 말하는군요." ── "왜 그런가요? 제가 언제나 솔직하지 않았나요?" ── "매우 솔직했습니다. 당신을 통해 표현되려는 솔직히 드러나지 않는 진실을 위해 지나치게 솔직했습니다."
  그는, 그들을 인도하거나 방황하게 만들기 위해 그들 바깥에서 그들을 기다리고 있는 이 생각에 이르려는 노력 이외에 그녀에게도 자신에게도 아무것도 남아 있지 않다는 것을 알고 있었다.
  그는 그녀에게 말하기를 강요했지만, 그녀의 생각 안으로 들어가기 위해 그녀에게 압박을 가한 적은 한 번도 없었다. 그는 그녀에게 생각을 드러내지 않았다. 생각이라는 단어는 충분히 투명성을 담고 있지 않았고 충분히 모호함을 담고 있지 않았다. 단지 그녀는 말했을 뿐이었고, 단지 그녀는 입을 다물 뿐이었다.

❖ 그는 그녀를 이끌었다. 어떻게 그는 그녀를 이끌었는가? 그는 어떤 감지되지 않는 부동의 힘으로 그녀를 항상 이끌었다. 그녀는, 그가 그녀에게 주었던 매혹의, 또한 그 응답으로서 그녀가 그에게 주

었던 매혹의 이 장소 자체였다. 그녀는 여기에 멈추어 있지만 고정되어 있지 않았고, 부유하는 부동성 가운데 움직이지 않고 있었던 것이다.

 자신 바깥에서 그에게 이르기까지 그의 바깥에서 방랑하면서.

❖ 그녀는 무엇을 망각했던 것일까? 그것은 매우 중요한 것이었을까? 아니 그렇지 않다. 그것은 대수롭지 않은 것이었다. 그녀는 격렬한 평화 속에서, 눈물에 젖은, 빛이 가로지르는, 모호함으로 무거워진 고요 속에서 그것을 말했다.

❖ "당신은 왜 그것을 생각하나요?" ─ "저는 그것을 생각하고 있고 언제나 그것을 생각할 거예요. 그것은 우리가 끝낼 수 없는 생각입니다." 그는 이러한 선고宣告를 들으면서 전율했다.

❖ "당신은 그들이 기억할 거라고 믿으세요." ─ "아닙니다. 그들은 망각할 것입니다." ─ "망각이 바로 그들이 기억하는 방법일 거라고 믿으세요?" ─ "아닙니다. 그들은 망각할 것이고, 망각 속에서 아무것도 간직하지 못할 것입니다." ─ "망각 속에서 잃어버린 것이 망각의 망각 속에서 보존될 거라고 믿으세요?" ─ "아닙니다. 망각은 망각에 대해 무관심할 것입니다." ─ "그렇다면 우리는 놀랍게도 깊은 곳으로부터 영원히 망각될 거예요." ─ "놀랍지 않게, 깊이 없이 영원과 상관없이 망각될 것입니다."

❖ 그들은 각 장애물 주위를 교묘히 지나쳐 가면서, 한순간 창밖을 바라보면서 천천히 가볍게 방 안으로 함께 갔다. 함께, 그 사실을 알지 못하면서, 헛되이 서로에게 말하고 서로에게 대답하면서. 하지만 침착하게, 그리고 가만히 서로가 서로를 위해 계속 말하면서.

❖ (여기에 있는 두 존재, 두 옛 신神. 그들은 내 방에 있었고, 나는 그들과 함께 살고 있었다.

한순간 나는 그들의 대화에 끼어들었다. 그들은 놀라지 않았다. "당신은 누구입니까? 새로운 신들 가운데 한 분입니까?" — "아니오, 아닙니다. 단지 한 인간일 뿐입니다." 내가 반박하는 것을 듣고 그들은 멈추지 않았다. "아, 새로운 신들! 그들이 결국 왔군요."

그들은 동요하고 놀라워하면서 약간 호기심을 가졌다. "당신은 여기서 무엇을 하십니까?" 나는 대답했다. 그들은 내 말을 듣지 않았다. 그들은, 내가 부분적으로만 진실을 드러냈기 때문에 심각한 것이 될 수 없는, 그저 알려진 바에 대해 모든 것을 알고 있었다.

그들은 아름다웠다. 그러나 내가 그녀에게 기울인 주의로 인해, 그녀는 나를 위해 거의 항상 혼자 있었고, 그녀의 아름다움은 더 인상 깊게 되었다. 그녀가 나를, 특히 나를 잘 모르고 있었음에도 불구하고 나는 스스로 그녀를 이끌고 있다는 것을 알았다. 그녀가 실제로 나에게 나타났다. 나는 그녀를 묘사할 수 없지만, 그녀는 감탄하면서 바라볼 수밖에 없는 키가 큰 처녀였다. 내가 그녀에게 "오십시오"라고 말했을 때, 그녀는 극도로 나의 주의를 끈 심오한 부주의에 따라 곧 다가왔다. 그리고 그는 결정적으로 떠났다. 어쨌든 나는 보다 간단하게 그렇게 생각했다. 한 신이 사라졌는가?

  그때부터 우리는 함께 산다. 그리고 나는 언젠가 새로운 신이 될 거라는 생각을 떨쳐 버릴 수 없다.)

  꿈꾸지 않은 어떤 밤의 꿈.

❖ 그녀는 한도를 넘어 망각을 원했다. "여기서 우리는 망각 속에 있나요?" ― "아직 아닙니다." ― "왜 그런가요?" ― "우리는 기다리고 있습니다." ― "그래요. 우리는 기다리고 있어요."

  망각, 기다림. 회집하는 기다림은 흩뜨려 놓는다. 흩뜨려 놓는 망각은 회집한다. 기다림, 망각. "저를 망각할 건가요?" ― "그래요. 저는 당신을 망각할 것입니다." ― "어떻게 저를 망각했다고 확신할 건가요?" ― "제가 다른 한 여자를 기억하게 될 때 그럴 것입니다." ― "그러나 당신이 기억할 사람은 여전히 바로 저일 거예요. 그러나 저는 그 이상을 원해요." ― "당신은 그 이상을 갖게 될 것입니다. 제가 제 자신을 더 이상 기억하지 못하게 될 때 그렇게 될 것입니다." 그녀는 스스로 마음에 드는 것 같은 그 점에 대해 생각해 보았다. "함께 망각에 묻혀요. 그런데 누가 우리를 망각하게 될 건가요? 누가 망각 속에서 우리에 대해 확신할 건가요?" ― "다른 사람들, 다른 모든 사람들!" ― "그러나 그들은 중요하지 않아요. 저는 다른 사람들에게 망각되는 것에 개의치 않아요. 저는 바로 당신에게, 오직 당신 혼자에게만 망각되기를 원해요." ― "그래. 네가 나를 망각했을 때, 그렇게 될 거야." ― 그녀는 슬프게 말했다. "하지만 나는 내가 너를 이미 망각해 버렸다고 느끼고 있어."

그녀는 그를 망각하고 있었고, 다른 모든 것들을 되돌려 보고 있었다. 그러나 그녀는 모든 점에서 그를 망각하고 있었다. 천천히 정열적으로. 언제 그녀가 들어왔던가 —— 그가 그녀에게 신호를 보냈었던가? 그는 그녀를 쉽게 매혹시킬 기회를 이용했던가? 그녀는 스쳐 지나갈 한 사람에게 소멸되지 않을 것을 맡겨 두면서, 모든 것이 망각될 수 있도록 모든 것을 말하려는 망각의 움직임 속에 이미 놓여 있었다.

그녀는 망각하고 있었다. 그녀는 거의 망각 자체였고, 망각된 것의 가시적인 아름다움이었다.

❖ 신들만이 망각에 이른다. 옛 신들은 멀어져 가기 위해, 새로운 신들은 되돌아오기 위해.

❖ 그녀는 그를 망각하고 있지 않았다. 그녀는 다만 망각하고 있었다. 그가 그녀 안에서 사라지는 망각 속에서, 그는 여전히 그녀에게 그 자신 전부였다. 그 또한 마찬가지로 그녀를 망각하고 있었다. 우리는 기억하지 않는 자를 기억할 수 없다.

하지만 모든 것이 바뀌지 않은 채로 남아 있었다.

❖ 그는 그녀를 조용히 망각을 향해 이끌었다. 그는 그 사실을 잘 알고 있었다. 그녀를 자신을 향해 이끌면서 그는 그녀가 보다 깊이, 보다 표면적으로 언제나 망각하고 있었던 어떤 자를 향해 그녀를 이끌었다. 단어들은 말해졌고, 말들은 불타올랐다. 침묵이 불꽃을 통

과해 갔다. 그들은 서로 자신을 상실하면서 다시 서로 몸을 밀착시켰다. "저는 왜 당신을 망각해야만 하나요?" 망각은 궁극의 목적이었던가? 기다림, 망각.

"저는 당신에 대해 아무것도 알지 않기 위해, 그리고 당신 안에서 제 자신을 완전히 상실하기 위해 당신을 알게 되었던 것입니다."

❖ 그렇게 신들은 살아가고 있지 않은가? 자신들을 빛나게 만드는 빛과 무관한, 고독하고 기묘한 신들. 그들은 나를 거의 혼란스럽게 하지 않았다. 사실 그랬다. 나는 그들의 현전에 익숙해졌다. 나는 그들이 나에게 무심한 것에 기뻐했지만, 그 무심함이 그들의 극도의 조심성에서 비롯되었는지 신성한 무관심에서 비롯되었는지 확신할 수 없었다. 옛 신들, 옛 신들, 그들은 얼마나 우리와 가까운가.

❖ 망각. 아무것도 망각하지 않는 기억 속에서 망각에 동의하기.

❖ "바로 당신이 저를 망각으로 몰아갔어요." —— "조용히 그것을 인정하십시오." —— "그래요. 조용히, 부드럽게, 그 이상 조용한 것은 아무것도 없어요." —— "그것은 망각의 매혹 속에 있는 망각의 조용함이었습니다." —— "그런데 왜 저로 하여금 뒤돌아보게 하나요?" —— "망각하게 하기 위해." —— "하지만 저는 필연적으로 모든 것을 망각했어요." —— "망각의 필연성에 따라 그랬던 것은 아닙니다."

서로를 관계 가운데 놓아두는 어떤 똑같은 움직임에 따라 그는 기다리고, 그녀는 망각한다. 그러나 그는 안다. 기다림 속에서 오직 순간에만 완성될 그 만남이 자신에게 금지되어 있다는 것을. 기다린다는 것은 그 순간을 포착하지 못한 채 간청한다는 것이다.

"당신은 왜 저로 하여금 말하게 하나요? 왜 당신이 전한 이 모든 말들이 필요한가요?" —— "저는 그 말들을 전했다기보다 받아들였던 것입니다." —— "그 말들은 당신이 기다렸기에 제게로 왔던 거예요. 당신은 잘 알고 있어요. 그 말들 속에서 제가 모든 것을 망각했다고 믿어요." —— "망각은 또한 좋은 일입니다." —— "그래요. 당신은 그 망각의 말로 항상 저를 점점 더 부재하게 만들지요." —— "말하자면 망각은 여전히 각각의 말에 그려지는 당신의 현전입니다."

❖ 너는 망각하기에는 너무나 멀리 놓여 있는, 망각의 한계들을 찾아내지 못할 것이다.

❖ "그러나 만일 제가 모든 것을 기억하고 당신에게 모든 것을 말한다면, 우리에게 단 하나의 기억만이 남아 있을 거예요." —— "공동의 기억?" 그는 엄숙하게 말했다. "아닙니다. 우리는 한 번도 공동으로 기억 속에 들어가지 못할 것입니다." —— "그래요. 그렇다면 망각 속으로 들어가겠군요." —— "아마도, 망각 속으로." —— "그래요. 제가 망각할 때, 이미 당신과 보다 더 가깝다고 느껴요." —— "가까움 가운데, 하지만 다가가지는 않은 채." —— "바로 그래요." 그녀는 열정적으로 다시 말했다. "다가가지는 않은 채." —— "진실〔진리〕 없이, 비밀도 없이." —— "진실〔진리〕 없이, 비밀 없이." —— "마치 지워지

는 것이 모든 만남에서 마지막 자리인 것처럼. 망각이 똑같은 기이한 움직임을 통해 우리에게 남아 있는 공동의 것으로부터 우리를 천천히 끈덕지게 갈라놓을 것입니다." 그녀는 그를 들으면서 생각해 보았고 이어서 보다 낮은 목소리로 다시 말했다. "망각이 하나의 말에 영향을 주고 있다면." —— "망각의 말." —— "그러면 순간 모든 것이 망각될까요?" —— "모든 것들 속의 각각의 것이." —— "그러면 모든 것이 망각되는 그 순간은 어떻게 망각될까요?" —— "망각이 망각 속에 묻힐 것입니다."

❖ 기다림, 그것은 기회를 기다리는 것이었다. 그리고 기회는 기다려서 붙잡을 수 없는 순간에만, 기다림이 더 이상 문제가 될 수 없는 순간에만 왔다.

❖ 존재는 또한 망각을 가리키는 하나의 이름이다.

❖ "제가 당신에게 모든 것을 말하지 않았나요?" —— "그래요. 그렇지요. 당신은 놀라울 정도였습니다." 그는 말을 멈추었다. "그러나 그것이 아마 우리의 불운이었을 겁니다." 그녀는 아무 말도 하지 않았다. "그것은 우리의 불운이었습니다. 처음 순간부터 당신은 제게 내밀하게, 놀랍게 말했었지요. 저는 우리 사이에서 모든 것이 말해졌던 처음 그 순간들을 잊지 못할 것입니다. 그렇지만 저는 알지 않을 수 없었습니다. 저는 제가 알고 있었던 것만을 알 수 있었습니다." —— "저는 당신을 믿었어요. 저는 마치 제 자신에게 말하듯 당

신에게 말했어요." ─ "그래요. 그러나 당신이 알고 있었듯, 저는 그런 줄 몰랐습니다." ─ "왜 제게 경고하지 않았나요? 저를 막아야만 했어요." ─ "그 영향은 너무 컸습니다. 저는 아무것도 더 욕망하지 않았고, 아무것도 더 가질 수 없었습니다." 그녀는 생각해 보았고, 갑자기 결심한 듯 기이하게도, 엄숙하게 그를 향해 돌아섰다. "정말로 제가 처음 순간부터 모든 것을, 자신이 말하고 싶었던 모든 것을 말했을 어떤 자에게 말하듯 말했나요?" ─ "그래요. 그랬다고 생각합니다. 바로 그거예요." ─ "그런데 그건 비밀로 남아 있었어요. 제가 이미 모든 것을 당신에게 말했다는 사실은." 그는 대답하지 않았다. "실망했군요. 당신은 다른 것을 기다리고 있었어요." ─ "아닙니다. 아닙니다." 그는 머리를 흔들며 말했다. "그것은 놀라웠습니다."

❖ 그는 자신의 최초의 말이 무엇이었는가를 알고 있었고, 그녀에게 "오십시오"라고 말하면서 ─ 그리고 그녀는 곧 다가왔다 ─ 오직 모든 것이 말해졌기 때문에 말하기 시작할 수 있는 매혹의 이 순환 운동 안으로 그녀를 들어오게 만들었다고 확신했다. 그는 너무 그녀 가까이에 있었는가? 그들 사이에 충분한 거리가 더 이상 없었는가? 그리고 그녀는 자신이 간직한 낯섦 속에서 지나치게 친밀하게 나타났는가?

그는 그녀를 이끌었고, 거기에 그의 마법이, 그의 실수가 있었다. "당신은 저를 이끌지 않았어요. 당신은 저를 아직 이끌지 않았어요."

❖ 그녀가 더 그를 망각할수록, 더 그녀는 기다림에 따라 그와 함께 있는 장소로 이끌린다고 느꼈다. "당신은 왜 그렇게도 이 방에 관심을 기울이고 있나요?" — "제가 이 방에 관심을 기울이고 있나요?" — "이 방이 당신을 이끌고 있다고 해두지요." — "당신이 이 방으로 저를 이끌고 있는 거예요."

그는 그녀를 불렀었고, 그녀는 왔었다. 부름에 따라오면서, 오면서 그를 부르면서.

"당신이 말하는 것에는 아마 너무 많은 의의가, 어디에도 찾아볼 수 없는 의의가 있을 것입니다. 그것은 마치 다른 어디도 아니고 여기에서만 표현될 수 있는 것 같습니다." — "바로 그것이 필요한 게 아닌가요?" — "제가 말하고 싶은 것은, 다른 곳에서는 모든 것이 다른 의의를 갖게 된다는 것이고, 그뿐만 아니라 당신의 말 속에 우리가 있는 이 장소에 대해 항상 말해 주고 있는 어떤 것이 있다는 것입니다. 왜 그렇지요? 여기서 무엇이 일어나고 있는 걸까요? 그에 대해 말해야 합니다." — "그럴 줄 아는 사람은 바로 당신이에요. 왜냐하면 그것은 오직 당신 혼자 듣고 있는 제 말 속에서 이미 말해지고 있기 때문이에요."

그만이 그녀를 들을 수 있다. 그 사실에 따라 그는 끈기 그 이상을 요구하는 주의의 엄격성을 가지지 않을 수 없다.

"여기서 일어나고 있는 것? 그건 지금으로서는 우리가 말하고 있다는 거예요." — "그래요. 우리는 말하고 있습니다." — "그러나 우리는 말하기 위해 여기로 왔던 게 아니에요." — "하지만 우리는 말하면서 여기로 왔습니다."

❖ 그녀는 거기 있었다. 그렇다. 그는 그녀를 그녀 자신 안에 모아서 떼어 놓고 자신의 시선 아래에 그녀 전부를 붙들고 있었다. 그는 그녀를 남김없이, 하지만 마치 우연에 의해서인 것처럼 항상 보고 있었다. 그녀는 놀랍고 불안감을 가져오는 이 확실성 이외에 다른 얼굴을 갖고 있지 않았다.

보이는, 하지만 바로 그 가시성 때문에 보이지 않는.

보이지도 않고 보이지 않지도 않은, 언제나 빛보다 앞서 나아가는 어떤 빛에 따라 그에게 보일 권리를 주장하는. 아마 그것은 실제의 빛이 아니었겠지만 단지 그들의 비밀로부터 나와서 그들도 모르게 비추인. 그들이 공동으로 나누어 갖고 있는 광명이었다. 광명 없는 광명, 매혹에 대한 멀리서의 긍정, 그가 아직 그녀를 바라보고 있지 않았다는 사실에서 비롯된 우수 어린 행복한 인식.

얼굴, 보이지 않는 그녀가 그에게 보일 권리를 갖고 있다는 사실에 대한 최고의 긍정.

❖ "당신은 저를 보나요?" ── "물론입니다. 저는 당신을 보고 당신만을 봅니다 ── 그러나 사실 아직 그렇지 못합니다."

❖ 네가 썼던 것은 비밀을 담고 있다. 그녀, 그녀는 그 비밀을 더 이상 간직하지 않고 너에게 넘겨 버렸다. 그리고 너, 오직 그 비밀이 네게서 새어 나가 버렸기 때문에 너는 그것을 베껴 놓을 수 있었던 것이다.

❖ 매혹의 언어, 무거운 모호한 언어, 모든 것이 말해지는 곳에서 모든 것을 말하는 언어, 전율의, 공간화되지 않는 공간의 언어. 그녀는 그에게 모든 것을 말했다. 왜냐하면 그가 그녀를 이끌었기 때문에, 그리고 그녀가 그에게 매여 있었기 때문이다. 그러나 이끈다는 것은, 들어가자마자 모든 것이 말해지는 장소를 향해 이끈다는 것이다.

❖ "당신은 저를 보나요?"─ "당연히 저는 당신을 봅니다."─ "그것만으로는 충분하지 않아요. 모든 사람이 저를 볼 수 있지요."─ "하지만 제가 당신을 보는 것처럼 보지는 않을 겁니다."─ "저는 다른 것을 원하고 싶어요. 저는 다른 것을 원합니다. 그것은 매우 중요해요. 당신이 저를 볼 수 없게 된다 하더라도 과연 저를 볼 수 있을까요?"─ "당신이 보이지 않게 된다 하더라도?" 그는 생각해 보았다. "의심의 여지없이. 제 내면에서."─ "저는 실제로 안 보이는 것을 말하고 있는 게 아니에요. 저는 그 정도까지 요구하지 않습니다. 하지만 저는 당신이 제가 보인다는 단순한 이유 때문에 저를 보기를 원하지는 않아요."─ "저 이외에 아무도 당신을 보지 않기를!"─ "아니에요. 아니에요. 모든 사람에게 보인다는 것, 그건 아무래도 좋아요. 그러나 보다 중대한 이유 때문에 오직 당신에게만 보여야 합니다. 이해하나요, 그리고……."─ "명백한 이유 때문에?"─ "명백한 이유 때문에. 하지만 정말로 명백한 이유 때문은 아니고, 모든 보이는 것들이 보이는 것들이라는 그런 보증과 상관없이."─ "그렇다면, 언제나?"─ "언제나, 언제나, 그러나 아직은

보이지 않아야 합니다."

   이 대화, 그는 그것을, 자신이 그녀를 향해 간직하고 있었던 시선 속에서, 마치 이후에나 이해하게 될 하나의 경고로 받아들였던 것 같다.

   우리가 우리 자신을 앞서 가는 어떤 힘에 의해 보인다면, 그 힘 바깥에서 그는 하나의 오류라는, 하나의 놀라운 오류라는 생각을 떠올리게 했던, 빛에 근거하지 않은 권리에 따라 그녀를 보고 있었다.

❖ 얼굴, 그녀를 극단적으로 보이게 만드는 것이 그녀로부터 나온 고요한 광명 속으로 흩어져 가는 이 극단의 엄정한 한계.

❖ 그녀는 그에게 말하고, 그는 그녀를 듣지 않는다. 하지만 그의 안에서 그녀가 나에게 들린다.

   나는 그에 대해 아무것도 모르며, 내 안에도 내 밖에도 그를 위한 자리는 없다. 그러나 그녀가 그에게 말할 때, 나는 그녀를 듣지 않는 그의 안에서 그녀를 듣는다.

❖ 그는 그녀가 망각되도록 남아 있었다. 그녀는 망각에서 나온 조용한 움직임에 따라 그를 망각으로 데려갔고, 그는 그 망각을 주시하고 있었다. 서로 망각하면서, 서로 망각되면서. "만일 제가 당신을 망각한다면, 당신은 당신 자신을 기억할 건가요?" — "저 자신을 기억할 것입니다. 당신이 저를 망각하는 가운데에서." — "당신을 망각할 사람은 저이고, 기억할 사람은 당신인가요?" — "당신도

저도 아닙니다. 망각이 저를 당신 안에서 망각할 것이고, 비인칭의 기억이 기억하는 자에게서 저를 지워 버릴 것입니다." ─ "제가 당신을 망각한다면, 망각이 당신을 영원히 당신 바깥으로 이끌겠지요?" ─ "영원히 제 바깥으로, 망각의 이끎 속으로." ─ "지금부터 우리가 함께 영원히 그런 건가요?" ─ "지금부터 영원히 우리가 함께 바로 그런 것입니다. 하지만 아직은 아닙니다." ─ "함께?" ─ "함께. 하지만 아직은 아닙니다."

❖ 그녀는 그에게 말하고, 그는 그녀를 듣지 않으며, 나는 그의 안에서 그녀를 듣는다.

❖ 이 망각 속에서 망각하면서 우리에게서 지워지는 자는, 마찬가지로 우리 스스로를 기억하는 개인적인 힘을 우리 안에서 제거한다. 그에 따라 비인칭의 기억이, 우리에게서 망각의 자리를 마련하는, 어느 누구의 것도 아닌 기억이 깨어난다.

❖ 그는 그녀 안에서 낮과 밤, 그리고 이어졌던 것과 이어지기를 그쳤던 것을 기억했지만, 그녀 안에서 그녀를 기억하지 않았다.
   그가 기억했다면, 그는 망각했으리라.
   그는 이제 자신이 단어들을 망각하고 있었는지, 아니면 단어들이 조용히 그리고 어렴풋이 망각하고 있었는지 알지 못했다.
   또렷한 망각, 단어들의 잔잔한 기억, 단어들 속에서 기억으로부터 망각으로 넘어가기. 그는 단어들의 투명함을 통해, 그게 아니라면

적어도 단어들의 추상화된 빈곤을 통해 망각의 온화한 광휘를 알아보았다. 단어들 가운데에서의 망각의 온화한 현현, 가장 온화해지기를 요구하는 온화함.

우리가 망각을 위한 단어들이 모든 순간, 적어도 한 번 우리에게 베푸는 망각에 순순히 따른다면, 우리는 망각하리라.

❖ 급히 내딛은 영원의 발걸음.

그들은 영원을 원망하고 있다. 이는 마치 영원이 그들 안에서 원망하고 있는 것과 같다. "당신은 무엇을 더 원하지요?" 죽어 가면서 그들은 스스로 만족시킬 수 없었던 죽음에 대한 기이한 욕망을 갖고 있다.

망각, 다른 아무것도 아닌 단지 망각, 망각의 이미지, 기다림을 통해 망각에 내맡겨진 이미지.

"그럼 지금 우리는 망각된 것인가?" — "네가 우리라고 말한다면, 우리는 망각된 거야." — "아직 아니야, 부디, 아직 아니야." 침묵의 걸음, 말 없이 닫힌 공간, 거기에서 욕망이 끝없이 방황한다.

그는 자신으로 향해 난 길을 그녀에게 터주면서 앞으로 나아갔고, 그녀는 보조를 맞춘 발걸음으로, 급히 내딛은 영원의 발걸음으로 나아가면서 그들을 뒤섞어 놓았던 움직임에 따라 그에게 바싹 몸을 밀착시켰다.

"당신에게는 여전히 다른 동반자들이 있겠지요." — "아마도, 그러나 제가 아닌 다른 여자가 그들을 동반할 거예요." — "다른 한 여자, 하지만 다른 여자는 없습니다." — "다른 한 남자, 어떠한 다른 남자도 없어요."

 그는 영원히 임박하는 도래에 대한 생각일 수밖에 없는 하나의 생각이 임박하는 가운데 살고 있다.

❖ 그녀가 그에게, 낯선 자인 그에게, 가까운 한 사람이 아직 충분히 가깝지 않기에 내어 줄 수 없는 것을 요구했을 때, 그는 그녀가 그것을 요구하면서 자신을 모든 타인보다 가깝게 여겼다는 사실을 이해했다. 그는 왜 그러한 가까움에 대한 요구를 받아들였는가?
 "당신은 제가 그것을 하기를 언제나 원합니까?" — "당신에게 그것을 하기를 요구하면서 저는 또한 제가 원한다는 사실 자체를 당신에게 고백했던 거예요."
 그는 거부했지만, 그가 거부했던 것은 언제나 그에게 거부와 무관했던 것만큼이나 동의와도 무관했다.
 "언제 그러한 생각을 가졌나요?" — "제가 그 생각을 가지고 있다는 걸 알았을 때, 그것은 제게 오래전부터 익숙한 것이었습니다." — "사실 당신은 틀림없이 그것을 한 번도 생각했던 적이 없을 거예요. 당신이 그것에 대해 생각했을 때, 오직 그것을 거부하기 위해 그랬던 거예요." — "그러나 생각 속에서 거부했던 겁니다." 그는 그녀의 요구를 만족시킬 수 있었을 단순한 행동으로 자신에게 요구된 것을 철회시킬 수 없다는 사실을 이해했다. 특히 그녀가 자신에게 도발적으로 조용히 이렇게 일러 주었을 때 그랬다. "그런데 그것은 쉽지요?" — "아마 쉽겠지요. 그러나 할 수 있는 것은 아닙니다." 그의 말에 그녀는 잠시 후 이러한 대답을 찾아냈다. "말하자면 그것은 오직 한 번만 할 수 있는 거예요."

❖ "당신이 제게 요구한 것은……." ─ "저는 그것을 당신에게 요구하지 않아요." ─ "그렇다고 아무것도 바뀌는 게 없습니다. 당신은 그것을 제게 이미 요구했다고 여기기를 원할 겁니다." ─ "저는 그것을 원할 수 있다고 믿지 않아요. 아마 한 번도 그것을 원한 적이 없을 거예요." ─ "즉 그것이 원하는 모든 것보다 더 크다는 것인가요? 당신은 어떠한 방식으로든 그것을 원하지 않았나요?" ─ "저는 단지 그것에 대해 두려움을 가졌을 뿐입니다. 그것을 원하는 데 두려움을 갖고 있었어요."

❖ 그녀는 무엇을 요구하는가? 그녀는 왜 그 요구를 그에게 전하지 못하는가?
"이는 마치 당신이 요구 못하도록 막아 달라고 요구하는 것과 같습니다. 그래서 당신은 그것을 요구 못하는 것입니다." ─ "저는 그것을 당신에게 요구하지 않아요. 그것을 당신 손에 맡겨 둘 뿐입니다."
곧 어떠한 느낌이 들었던가. 그는 진실 위에 손을 놓고 쥔 것이다. 그 자신 멀리에서, 그녀의 눈을 뜨게 만든 이 손을.

❖ 그녀는 아무것도 요구하지 않았다. 다만 그녀는 그가 자신의 요구에 상관함으로써만 옹호할 수 있었던 어떤 것을 말했을 뿐이다.
그녀는 아무것도 요구하지 않았다. 다만 그녀는 요구할 뿐이었다.

그녀의 요구, 최초의 순간부터 그녀가 그에게 드러내 보여 주어야만 했던 어떤 요구, 그녀가 했던 모든 말을 거쳐 그에게로 향하는 길을 일시적으로 터 주었던 어떤 요구. 어쨌든 그는 그 사실을 납득했다.

❖ 그가 생각했던 것은, 그의 생각으로부터 우회해 나아갔다. 그것은 그를 오로지 순수하게 그 우회에 대해 생각하도록 내버려 두었던 것이다.

❖ 그에게 요구되었고 또한 요구될 수 없었던 것, 한 번 이루어지면 여전히 다시 이루어져야 할 것으로 남았을 것. 즉 그는 살아갔고, 서로 대립되지는 않지만 둘 모두가 서로에게 물음으로 남는 두 움직임의 접점에 대해 생각했던 것이다.

"그것을 내게 줘." 그에게 그것을 요구하면서 마치 그녀는 그가 줄 수 없는 완벽한 단 하나의 선물을 기다리고 있는 것 같았다.

❖ 생각〔사유〕의 조용한 우회, 즉 기다림 속에서의, 생각 자체의 생각 자체로의 회귀.

기다림에 따라 생각으로부터 우회하는 것은, 생각 그 자체의 우회가 되어 버린 생각으로 회귀한다.

기다림, 탈선 없는 우회의 공간, 실수 없는 방황의 공간.

❖ "당신은 왜 제게 그것을 요구합니까, 제게?" — "당신은 제게 필

요한 사람이에요. 저는 그 사실을 언제나 알고 있었어요." ― "어디서 그러한 생각이 드나요?" 그녀는 오래 생각하지 않았다. "당신에게서. 당신은 그 사실을 잘 알고 있을 거예요. 당신은 그러한 생각에 따라 저를 이끌었던 거예요." ― "당신은 제가 그것에 대해 뭔가를 알고 있기는커녕 뭐라고 말해야 할지도 모른다는 것을 확인하고 싶은 것이지요?" ― "그 사실이 바로 그것이 제 안에서보다 더 깊숙이 당신 안에 이미 있다는 증거예요." ― "아닙니다. 믿으세요. 저는 그것을 알지 못합니다." ― "우리 둘 모두, 우리는 그것을 알고 있어요."

그는 결국 그들이 공동으로 그렇게 생각하지는 않지만, 오직 그렇게 생각함으로써 공동으로 존재할 것이라고 느꼈다.

❖ 아무것도 감추어져 있지 않은데 감추어져서 벗어나 버리고 있는 그것.

❖ "당신은 그것이 불가능하기 때문에 그것을 제게 요구한 것입니다." ― "불가능하다, 하지만 제가 그것을 요구할 수 있었다면 가능한 거예요." ― "그 사실에 모든 것이 달려 있습니까? 당신이 제게 실제로 그것을 요구했다면 말입니다." ― "그 사실에 모든 것이 달려 있어요."

❖ "당신이 요구하고 있는 것을 제가 이미 했었기에, 당신이 그것을 요구했다고 가정해 보십시오." ― "당신은 알고 있을 거예요." ―

"당신과 마찬가지로 모릅니다. 일들이 이렇게 진행되었을 수 있습니다. 당신은 제게 그것을 요구했고, 저는 그것을 했는데, 그 두 결정의 연관성에 대해 저도 당신도 알지 못하고 있는 겁니다. 즉 그 두 결정이 실현될 수도, 시도될 수도 없게 만들고, 또 어떻게 이루어졌는지 서로에게 알지 못하게 만드는, 둘 사이의 익히 알려진 연관성 밖에 우리가 감지하고 있지 못하다라고 말하는 겁니다. 당신의 요구가 없었다면 예상치도 못했을 것을 어떻게 제가 할 수 있었을까요? 하지만 당신은 어떻게 자신 안에서 이루어져서 이미 습득해 간직하고 있었던 그러한 것을 제게 요구할 수 있는 건가요?"

❖ "네가 거절할 때마다 너는 피할 수 없는 것을 거절하고 있는 거야." ─ "불가능한 것을." ─ "너는 불가능한 것을 피할 수 없는 것으로 만들고 있지."

❖ 아무것도 감추어져 있지 않은데 감추어져서 벗어나 버리고 있는 그것, 표현되지 않은 채로 남아 있지만 긍정할 수밖에 없는 그것, 거기 있지만 망각되고 있는 그것. 그녀가 언제나 그리고 매번 하나의 현전이었다는 것, 그 사실은 생각〔사유〕이 예상 밖에서 완성되는 이 놀라움을 가져왔다.

❖ 그녀의 현전, 이미 그녀 고유의 이미지, 그리고 그녀의 이미지, 기억이 아닌 것, 즉 그녀에 대한 망각 자체. 그녀를 보면서 그는 그녀 그대로를, 망각된 그녀를 보았다.

때로 그는 그녀를 망각했고, 때로 그는 기억했다. 때로 망각에 대해 기억하면서, 그리고 그 기억 속에서 모든 것을 망각하면서.

"아마 우리는 우리 자신의 현전에 의해서만 분리되어 있을 것입니다. 망각 속에서 무엇이 우리를 분리시켜 놓은 걸까요?" — "그래요. 무엇이 우리를 분리시켜 놓을 수 있는 건가요?" — "아무것도 그렇게 하지 못합니다. 우리를 연결해 놓고 있는 망각을 제외하면." — "그러나 그것이 진정으로 망각이라면?"

그녀가 그 안에서 그가 그녀 안에서, 기다림에 따라 망각될 수 있는 어떤 힘을 알아보았다는 것이 가능했는가?

❖ "우리는 만나지 않았어요." — "그러면 우리는 스쳐 지나갔던 겁니다. 그게 더 낫네요." — "그게 얼마나 고통스러운가요? 스쳐 지나가는 만남."

❖ 오래전부터 그는 공간을 무겁게 만들 아무것도 말하지 않도록 애썼다. 공간을 말하면서, 유한하지만 한계가 없는 공간을 비우면서.

❖ "당신은 진정으로 알기를 원치는 않았어요. 저는 언제나 그렇게 느끼고 있었어요." 그는 알기 원하지 않는다. 우리가 알기 원할 때, 우리는 아무것도 알지 못한다.

❖ 아무도 감추어진 것과 대면한 채 남아 있기를 좋아하지 않는다.

"대면하기. 그것은 쉽지요. 그러나 우회적인 관계에서는 쉽지 않습니다."

❖ "당신의 모든 시선들은 저를 바라보고 있지 않았어요." ─ "당신이 했던 이 모든 말들은 제게 말하지 않았습니다." ─ "지연되고 저항하는 당신의 현전도." ─ "이미 부재하는 당신도."
 어디에 그것은 있었는가? 어디에 그것은 있지 않았는가?
 그녀가 거기 있었다는 것을 알면서, 그리고 그녀를 이미 완전히 망각하고 나서, 그녀가 오직 망각됨으로써 거기 있을 수 있었다는 것을 알면서, 그가 그 사실을 알면서, 그 사실을 망각하면서.
 "한순간이 여전히 남아 있나요?" ─ "기억과 망각 사이의 그 순간이." ─ "짧은 순간이." ─ "멈추지 않는." ─ "되돌아볼 수도, 망각되지도 않는." ─ "우리 스스로 망각에 따라 기억하면서."
 "왜 망각의 행복이 있는 걸까요?" ─ "그 자체 망각된 행복이."
 그녀는 말했다. 그것은 죽음, 죽음 자체인 죽어 가는 것에 대한 망각이에요. 즉 결국 현전하는 미래에 대한. "내가 네게 말할 수 있도록 해." ─ "나는 그럴 수 없어." ─ "할 수 없는 채 말해." ─ "너는 내게 너무나 침착하게 불가능한 것을 요구하지."
 이 고통은 어떠한 것인가, 이 두려움은, 이 빛은 어떠한 것인가? 빛 가운데에서의 빛에 대한 망각.

II

망각, 숨겨져 있는 선물.

　망각을 스스로를 감추는 것을, 숨겨져 있는 선물을 받아들이는 것처럼 받아들이기.

　우리가 망각을 향해 가는 것이 아니며, 또한 망각이 우리에게 찾아오는 것도 아니다. 하지만 갑자기 망각이 거기에 이미 언제나 있었다. 우리가 망각할 때, 우리는 모든 것을 이미 언제나 망각했던 것이다. 우리는 망각으로의 움직임 속에서 망각의 부동의 현전과 관계 가운데 있는 것이다.

　망각은 망각되는 것과의 관계, 관계에 들어가 있는 것을 비밀로 만들면서 비밀의 힘과 의의를 간직하고 있는 관계이다.

　망각 속에서 우회하는 것이 있다. 망각으로부터 와서 망각 자체가 되는 우회가 있다.

❖ 잠시 후 그는 이미 모든 것을 망각했을 가능성과 마주해 경계하면서 조용히 깨어났다.

하나의 단어를 망각하면서, 그 단어 속에서 모든 단어들을 망각하면서.

❖ "와. 그리고 우리에게 정확히 사라져 가는 것을, 한 심장의 움직임을 되찾아 줘."

❖ 마치 말의 우회와 망각의 우회 사이에 어떤 관계가 있는 것처럼, 망각이 그렇게 말에 달려 있을 수 있고 말이 망각을 받아들일 수 있다는 사실은 기이했다.

망각이 이끄는 방향에 따라 글을 쓰면서.

말하고 있는 각각의 말 속에서 망각이 미리 말한다는 사실은, 각 단어가 망각되도록 예정되어 있다는 것뿐만 아니라, 망각이 말 속에서 휴식을 취하고 말을 스스로를 감추는 것과 조화를 이루도록 붙든다는 것을 의미한다.

모든 진정한 말은 망각에게 휴식을 허락하며, 그 휴식 가운데 망각은 모든 진정한 말이 망각에 이르기까지 말하도록 내버려 둔다.

망각이 모든 말 가운데 놓여 있기를.

❖ "너는 이곳에 두 번 들어오지 못할 거야." ─ "나는 이곳에 들어오겠지만, 한 번도 그렇게 못할 거야."

감시 가운데 있지 않은 것을 주시하면서.

❖ 그녀의 말을 통해 그는 어떠한 방법으로 조용히 망각이 말에 달려 있게 되는가를 알았다.

망각의 숨결이 드러났던 기억.

모든 이야기를 가로지르는, 그가 듣는 그녀의 숨결, 망각의 호흡.

❖ 망각 속에서 우회하는 것은 망각으로부터 오는 우회를 완전히 감출 수 없다.

"죽음을 망각하는 것, 그것은 죽음을 진정 기억하는 것인가요? 죽음에 따라 떠오르는 단 하나의 기억, 그것이 망각인가요?" —— "불가능한 망각. 네가 망각할 때마다, 너는 망각하면서 죽음을 되돌려 보지."

죽음을 망각하면서, 죽음이 망각을 지속시키고 망각이 죽음을 가져오는 지점과 만나면서, 망각에 따라 죽음으로부터, 죽음에 따라 망각으로부터 우회하면서, 그렇게 두 번 우회하면서 우회의 진리 속으로 들어가기.

부동의 기다림 속에서의 망각의 활동.

❖ 감시 가운데 있지 않은 현전을 주시하면서.

어깨 너머로 한순간 그녀를 바라보라. 그녀를 향해 반쯤 감은 시선으로 바라보라. 그녀를 바라보지 마라, 바라보라. 반쯤 감은 시선으로, 오직 바라보라.

그녀는 거의 과도할 정도로 현전했다. 아니 현전하지 않았고 자신의 현전에 노출되어 있었다. 부재하지도 않았다. 그녀는 자신 안의 현전의 힘에 따라 현전하는 사물들로부터 떨어져 나와 있었던 것이다.

❖ "그런데 왜 제가 계속해야 하나요?"— "저는 압니다. 자신이 말하지 않을 거라는 확신을 확고히 하기 위해서이지요."— "그렇다면 제가 당신에게 말할 수 없는 것을 좀 호의적으로 받아들이세요."
 그녀가 말했던 것은— 그는 이 점을 그녀에게 분명히 알려 주었는데— 굳세게 막연히 끊임없이 싸우고 있었다. "무엇과?"— "우리는 그것이 무엇인지 찾아야 합니다. 그게 이 싸움의 대가입니다."— "그런데 무엇과의 싸움인가요?"— "그게 뭔지 알기 위해 당신은 계속 싸워야만 합니다."— "그래요. 저는 알아요. 이 현전과의 싸움이에요."— "어떤 현전 말인가요?"— "제 자신의 현전, 당신의 부름에 응답했던 현전." 그는 입을 다물고 있었다. "그러면 당신은, 당신은 저와 싸우고 있나요?"— "당신과 싸우고 있습니다. 하지만 당신이 자신의 현전을 받아들이게 하기 위해서입니다. 제가 그것을 받아들였던 것처럼 말입니다."
 그녀는— 그는 잘 알아차리고 있었지만— 그가 자신의 현전을 의심하기를 원했을 것이다. 적어도 의심이라는 단어에 그녀가 부여하고 싶었던 만큼의 힘과 품격이 있었다면 그렇다.
 "저는 당신을 의심하지 않고 한 번도 의심하지 않을 것입니다."— "알아요. 저의 현전은?"— "그것에 대해서는 더 의심하지 않을 것입니다."— "그렇군요. 당신은 그것을 더 좋아하고 있어요."

그녀는 거의 과도할 정도로 현전했다. 그의 앞에서 부동으로 자신을 언제나 거기에 현전하게 할 그녀의 힘을 고통 속에서 초과했던 어떤 현전을 통해 그녀가 그를 따라갔을 때에도, 그가 그녀에게 바싹 몸을 밀착시켰을 때에도 그랬다. 그녀가 마치 자신의 현전 옆에서 말하듯이 말했을 때, 자신의 현전으로 다가가듯 다가갔을 때.

자신의 현전 안으로 돌아오면서.

자신의 현전을 더 가까이 놔두지 않으면서, 오직 자신의 현전의 공간 속에서 다가가면서 그녀가 다가갔을 때.

그녀의 현전은 그녀 안에서 현전했던 것과 관계없이 놓여 있었다.

그가 한 조각의 기이한 빛이라고 생각할 수밖에 없었던 것은, 그녀가 자신의 현전이라고 말했던 것과 관련해 스스로 끊임없이 제기했던 의혹이었다. 또한 그녀는 그가 그녀 자신을 배제하고 그녀의 현전과의 관계를 반드시 붙들고 있을 수 있다고 단언했다. 그녀는 말했지만, 그녀의 현전은 아무 말도 하지 않았다. 그녀는 돌아갔지만, 그녀의 현전은 기다리지 않으면서 기다릴 수 없는 것으로 남아 기다림과 무관하게 거기 있었다. 그는 그녀와 그녀의 현전 사이에 차이를 두지 않는다고 그녀를 설득하고자 했지만, 그녀는 머리를 흔들었다. "저는 나름대로의 특권이 있고, 그것은 그것 자체의 특권이 있어요. 그것 안에 그렇게도 당신을 붙잡아 두고 있는 것이 도대체 무엇인가요?" ─ "그것이 당신을 현전하게 한다는 사실입니다." ─ "그것은 저를 현전하게 하지 않아요. 그것은 우리 둘 사이에 있어요. 당신은 그렇게 느끼지 않나요?" 그는 거의 고통스러워하면서 생각에 잠겼다. "당신이 제게 말하기를 원하는 것이 바로 그

것입니까?" — "그 현전은 제가 그것을 당신에게 말하지 못하게 해요." — "당신은 지금 그것을 말하고 있습니다." — "저는 아직 그것을 말하지 않았어요."

❖ 말하기 원하지만 말하지 못하면서. 말하기 원하지 않지만 말을 피해 가지 못하면서. 따라서 말하지만 말하지 않으면서, 그녀와 대화하는 자가 붙들고 있을 의무가 있는 어떤 똑같은 움직임 속에서.
 말하면서, 말하기를 원하지 않으면서. 말하기를 원하면서, 말하지 못하면서.

❖ "그렇다면 저도 마찬가지입니다." — "아니에요. 당신은 잘 알고 있어요." — "제가 당신의 현전과 관계한다면, 당신은 왜 저의 현전과 관계하지 않나요? 당신은 저의 현전과의 관계를 거부하고 있습니다." — "저는 당신에게 아무것도 거부하지 않아요." — "그러면 아마 당신은 그에게 말하고 있지 않나요?" 그녀는 생각에 잠겼고, 이어서 열정적으로 갑자기 이렇게 말했다. "그들은 함께 있어야만 하고, 그들은 함께 있으며 우리를 떨어뜨려 놓고 있어요." 그는 자기 쪽에서 바라보았다. "그런데 우리에게는 그들이 없어도 될 겁니다. 우리에게는 그걸 상쇄할 만한 것들이 있습니다." — "그래요. 우리에게는 그들이 없어도 될 거예요." 하지만 그녀는 곧 이렇게 덧붙였다. "당신은 진실하나요?" — "그럴 겁니다." 이어서 그는 그 결과에 대해 생각하는 것 같았다. "그러기 위해 제가 무엇을 해야 합니까?" 그러나 그녀는 강한 확신을 갖고 반복했다. "당신은 그럴

거예요. 곧게 행동할 거예요."

그는 어느 정도 그녀가 근심하는 것에 대해 알고 있었다. 하지만 너무나 빨라서 그녀가 하기 원했던 말 속으로 그를 이끌어 가는 것 같았던 움직임 속에서, 그녀는 낮은 목소리로 이렇게 내뱉었다. "저를 내버려 두지 말아요. 저를 내버려 두지 말아요. 그것은 죽음보다 더 나쁠 거예요." 그때 그는 처음으로 그녀가 갖고 있었던 번민의 진실과 맞닥뜨리는 듯한 느낌이 들었다.

❖ "저는 더 이상 당신 곁에서 저의 현전을 참아 낼 수 없어요."

❖ 서로가 서로에게 현전하기 위해 자신들의 현전으로부터 돌아서서 그들은 기다리고 있었고, 서로를 찾고 있었다. 그녀가 단지 기다림의 밑바닥으로부터 그에게로 온 것은 아니었다. 그렇게 생각한다는 것은 얼마나 불충분한가. 그녀는 모든 기다림 바깥에서 자신의 현전에 따라 급작스럽게 결정을 내려 거기 있었다. 그녀는 스스로 기다릴 수 없었고, 비밀스럽게, 명백하게, 가장 단순한 욕망이 가져온 흥분 속에서 "저는 더 이상 기다릴 수 없어요"라고 끊임없이 말하고 있었다. 바로 그렇기 때문에 그는 기다림의 무한에 노출된 자신을 발견할 수밖에 없었다.

연결되어서, 연결되어 있기를 기다리면서.

❖ 기다림 속에서 잃어버린 시간.

기다림이 시간을 주고 시간을 붙든다. 그러나 그것은 주어지고 붙잡힌 똑같은 시간이 아니다. 기다리면서 그에게 부족한 것은 기다리는 시간밖에 없는 듯했다.

모자라기만 한 이 시간의 과잉, 시간의 이 과잉의 부족.

"그것이 다시 오래 갈 건가요?" ─ "언제나, 당신이 그것이 오래 갈 거라고 느낀다면."

기다림은 그들에게 기다릴 시간을 남겨 주지 않는다.

❖ 그들은 그들이 죽을 수 있다는 생각을 놓쳐 버린 듯했다. 그로부터 온 절망적인 고요, 참을 수 없는 백주白晝.

❖ 네가 단언할 때, 너는 여전히 묻고 있다.

그는 기다림 속에서 말해야만 하는 것이다.

❖ 기다림 속에서 말은 모르는 사이에 물음으로 바뀌었다.

기다림이 가져오는 물음을 기다림 속에서 찾아가면서. 그것은 그가 발견해서 자기 것으로 만들 수 있는 물음도 아니고 고유한 묻는 방식도 아니다. 그는 찾고 있다고 말하지만 찾지 않으며, 그가 묻는다면, 아마 그는 단언하지도 묻지도 않으며 다만 기다리는 기다림 속에 이미 충실히 있지 못한 것이다.

기다림이 가져오는 물음. 기다림은 물음과 혼동되지 않으면서 물음을 가져온다. 기다림의 고유한 법은 그 끝에 이르면서도 끝없이 이어진다는 데에 있다. 그 물음은 기다림의 끝에서조차 현전할 수 없을 것이다.

기다림이 간직하고 있는 물음. 기다림은 던져질 수 없는 물음을 가져온다. 기다림과 물음에는 공통적으로 무한이 놓여 있으며, 그 무한은 대수롭지 않은 기다림에서와 마찬가지로 최소한의 물음에서도 존재한다. 우리가 묻자마자, 물음을 필요 없게 만들 하나의 대답은 결코 존재하지 않는다.

기다림을 통해 물음의 여지가 있는 것도 남겨 놓지 않고, 더욱이 대답의 여지가 있는 것은 남겨 놓지 않은 채. 대답의 본질에 고유한 척도에 도달하면서. 그러나 그 척도는 한계를 설정하지 않으며 무한계無限界를 보존하면서 적용된다.

❖ 어떠한 물음에도 대답하지 않는 어떤 대답을 기다리면서 그는 그녀에게 묻는 것을 삼갔다.

"바로 저에게 말하기를 원하나요?" ─ "그렇습니다. 당신이라고 믿습니다." ─ "하지만 당신이 더 이상 제게 말하기를 원하지 않을 때에도 여전히 저인가요?" ─ "당신에게 달려 있습니다. 버텨야만 합니다."

그는 그녀에게 물을 수 없었다. 그 사실을 그녀는 이해하고 있었는가? 그렇다. 그녀는 그 사실을 알고 있었다. 그것은 하나의 금지와도 같았던 것이다. 그들 사이에서 어떤 것이 미리 말해졌고, 그들은 그것을 받아들이고 있어야만 했던 것이다. "언제나 제 안에, 마치 제 앞에 어떤 것이 거기 있어서, 제가 그것을 말할 때에도, 당신에게 말하기를 원하는 것 위에 그림자를 던져 놓습니다."

그들의 말 가운데 과잉의 진실이 있었으며, 그들은 그 사실을 암묵적 동의에 따라 언제나 받아들였다.

그는 물음들 — 그가 던지지 않고 다만 간직해 두었던 물음들 — 을 물을 수 있는 힘을 직접적으로 자신의 삶에서 얻지 말아야만 하며, 기다림의 움직임에 따라 먼저 자신의 삶을 고갈시켜야만 하고, 그녀가 말하기를 피해 왔던 것을 현재 없는 이 현전과 함께 그녀를 위해 명백하고 평온한 것으로 되돌려 주어야만 한다고 느꼈다. 그러나 그녀는 그것을 말했는가? 그렇다. 그렇게 그녀는 그것을 말하기를 스스로에게 금지시켰던 것이다. 마치 같은 단어가 표현되는 동시에 표현에 가림막이 되는 것 같았다. 그에 따라 그녀가 제대로 말했던 것에서 그녀가 과잉으로 말했던 것을 조용히 제거하는 일이 그의 몫으로 남게 되었던 것이다.

"우리가 혹시 살아 있다면……." — "물론 우리는 살아 있습니다!" — "당신은 살아 있어요. 그러나 당신은 당신 자신 안에서 살아 있지 않고, 제 안에서 더 이상 살 수 없는 것을 찾고 있는 어떤 것을 통해 제게 묻고 있습니다. 그건, 그것은 고통이에요. 고뇌를 요구하는 것입니다."

❖ 기다림의 움직임. 그는 그녀가 기다림을 통해 자신으로부터 돌아서는 것을 보고 있었다. 아니면 그녀를 보기 위해 돌아오면서 그는 스스로 돌아서야 했던 것이다. 그렇게 돌아서서만 그녀를 보면서.

❖ 시간이 언제나 과잉 가운데 있을 때, 하지만 시간이 시간에게 부족할 때 기다림이 있다. 시간의 그 과잉의 부족 가운데 기다림이 지

속된다.

   기다림 속에서 그를 기다리게 하는 시간이 더 잘 기다림에 응하기 위해 소멸된다.

   시간 속에서 이어지는 기다림은, 시간을, 기다릴 장소가 없는 시간의 부재로 열리게 한다.

   시간의 부재가 그를 기다리도록 내버려 둔다.

   시간이 그에게 기다려야 할 어떤 것을 내어 준다.

   기다림 속에서, 기다린다는 것이 기다림의 불가능성일 수밖에 없는 시간의 부재가 군림한다.

   시간은, 시간의 부재라는 압력이 뚜렷이 가해지는 불가능한 기다림을 가능하게 한다.

   시간 속에서 기다림은 끝나지 않은 채 그 끝에 이른다.

   그는 시간이 끝에 이를 때, 시간의 부재 또한 사라지거나 붙잡을 수 없게 된다는 것을 안다. 하지만 기다림 속에서, 시간이 언제나 그에게 자신의 종말이든 모든 것의 종말이든 어떤 것을 주고 있다면, 그는 그 종말과 모든 종말을 언제나 다시 기다리게 만드는 시간의 부재로 이미 향해 있다.

❖ 기다림에 따라 충족을 가져오는, 충족을 가져오는── 실망을 낳는── 기다림.

❖ "이 현전." ── "당신의 현전인가요, 저의 현전인가요?" ── "당신이 잘 알고 있듯, 그 둘을 그렇게 간단하게 구별할 수 없습니다.

저의 현전이 당신에게 매우 뚜렷하겠지만, 그것은 과잉으로서만 당신의 마음을 끌 것이고 당신을 붙들어 둘 것입니다. 그러나 저로서는 당신의 현전을 더 이상 거의 느낄 수 없기 때문에 그것이 그렇게도 강하고 지워져 가면서 거의 물리칠 수 없는 것으로 보입니다."

그는 언제나 예감하고 있었다. 자신이 기다리고 있다면, 기다림 자체의 고독 속에서 흩어져 가기 위해 자기 고유의 고독으로부터 벗어나 혼자가 아닌 채로 있기 때문이었다. 언제나 혼자 기다리면서, 언제나 자신을 홀로 내버려 두지 않았던 기다림 속에서 자신으로부터 분리되어.

기다림 속에서의 무한한 흩어짐. 그러나 그것은 기다림의 끝이 임박하는 가운데 다시 회집된다.

❖ 만일 각각의 생각(사유)이 생각의 불가능성에 대한 하나의 암시라면, 만일 매번 그녀가 생각하기 위해 생각하기를 미루고 있다면…….

기다림 속에서 그는 기다림에 대해 물을 수 없었다. 그는 무엇을 기다리고 있었는가, 그는 왜 기다리고 있었는가, 기다림 속에서 기다려진 것은 무엇인가? 기다림의 고유한 점은, 기다림이, 기다림에 따라 가능해지지만 기다림과 양립될 수 없는 모든 형태의 질문들을 비껴간다는 데에 있다.

기다림에 따라 각각의 단언은 빈 곳으로 열렸고, 모든 물음에 그가 막아야 했을, 보다 침묵에 가까운 다른 하나의 물음이 겹쳐졌다.

기다림 속에서의 생각(사유). 생각은 생각될 수 있도록 내버려 두지 않는 것을 기다리는 것이다. 생각, 즉 기다림에 따라 찾아오지만, 그 기다림 속에서 미루어지고 있는 생각.

❖ "저는 더 이상 당신 곁에서 저의 현전을 참아 낼 수 없어요." — "그것은 제 곁에 있지 않으며, 어떤 자의 곁에 있다는 그러한 방식에 따르지도 않을 것입니다." — "그러나 그것은 거기 있어요." 그것은 거기 있었다.

그는 그녀에게 그렇게 생각함으로써 그것을 붙들 수 없을 것이라고 말하고자 했다. 가장 좋은 것은, 그녀의 현전에 중요성을 부여하지 않으면서 그것으로부터 돌아서는 것이었다. 이는 쉬운 일이었을 것이다. 그 현전은 주의를 요구하지 않았다. "당신도 마찬가지예요. 당신도 그것에 대해 생각해서는 안 될 거예요." — "저도 마찬가지입니다. 설사 그것에 대해 생각하더라도 생각하는 게 아닐 겁니다." — "그러나 당신은 그것을 보고 있어요. 늘 그것을 보고 있어요." — "저는 그것을 보고 있지 않습니다. 다만 당신이 거기에 있다면." — "저는 늘 거기 있어요." — "당신이 거기 있을 때, 그 시간은 더 이상 정확히 시간이 아닙니다." — "만일 당신이 그것을 보고 있지 않다면, 그것을 보아야만 해요." — "당신은 그러기를 원하나요?" — "저는 그것만을 원해요. 당신이 그것을 단 한 번 결정적으로 보기를 원해요." — "왜 그런가요?" — "당신이 그것이 얼마나 저와 다른가를 보게 하기 위해." — "하지만 저는 그것 안에서 당신만을 볼 것입니다."

"당신 자신의 현전을 버리기까지 할 건가요?" 그녀는 대답하지 않았다. "마찬가지로 저도 그것을 버린다면, 당신 스스로 상처받았다고 느끼지 않을까요? 당신들은 스스로를 구별하지 않을 것입니다." —— "그럴 거예요. 그러나 당신 자신이 구별하고 있는 점들이 있어요." —— "저는 어떠한 구별도 하고 있지 않습니다. 아니면 제가 하는 구별 때문에 당신들이 구별되지는 않습니다." —— "우리는 다르지 않아요. 저는 그렇게 느끼고 있어요. 저의 현전은 바로 그 무차별성을 제가 참을 수 없는 방식으로 가시적으로 만듭니다."

현전을 분명하게 드러내는 무차별성.

"바로 그 무차별성에 따라 당신의 현전이 당신을 이끕니다." —— "그런데 그것이 저를 이끄나요?" —— "당신이 그것을 이끌지요. 당신들 모두는 매혹의 장소 가운데 있습니다."

그녀 안의 무차별성의 현전, 그 매혹.

❖ 기다림과 망각, 무심함과 생각이, 기다림 속에서 기다릴 수 없었던 것을, 망각 속에서 망각될 수 없었던 것을, 무심함이 무심히 지나쳐 버리지 않았던 것을, 생각 속에서 생각될 수 없었던 것을 긍정했다.

망각이 그들에게 내어 준 현재, 즉 존재와 무관하고, 가능한 모든 것과 불가능한 모든 것으로부터 돌아서 있으며 모든 현재로부터 벗어나 있는 현전.

❖ 그녀는 어떠한 느림보다 더 느리게, 어떠한 놀라운 것보다 더 갑작스럽게 망각했다.

"저는 당신이 망각하기 위해서만 되돌아보지 않는가라는 느낌이 들어요. 망각의 힘을 감각되도록 보존하기 위해서만. 당신이 기억하기를 원하는 것은 차라리 망각이에요." ─ "아마도. 저는 망각의 지척에서, 두 걸음 거리에서 기억합니다. 기이한 느낌입니다." ─ "위험하기도 해요. 두 걸음은 쉽게 건널 수 있어요." ─ "그래요. 당신이, 저보다 앞에 있는 당신이 저를 따라오고 있다고 느낄 때마다, 언제나 다시 두 걸음의 거리가 있을 것입니다." ─ "저는 당신을 따르고 있습니다. 당신을 따르기를 원해요."

❖ 기억은, 그녀로 하여금 그 무차별성의 차이 이외에 다른 기억 없이 스스로 오게 했던 그 매혹의 움직임이었다.

그는 그녀가 기억하지 않는다고, 오직 그 기억 속에서만, 자신의 부동의 현전 속에서만 온다고 확신했다. 그 기억을 어떻게 나눌 수 있었는가?

기억은, 그가 벗어나 버렸던 진실의 척도인 망각이 찾아오게 했던 것이다.

❖ 그녀는 말과 말을 오가면서 자신의 현전을 마멸시키기 위해 말했다.

❖ "저는 당신이 저에 대한 기억에 붙들려 있기를 원하지 않아요. 그것이 제가 제 자신을 기억하고 있지 않았던 이유입니다."

❖ "저는 제 자신을 기억하고 있지 않았어요. 기억은 저로부터 오지 않았습니다." ─ "그러나 당신이 잘 알고 있듯이, 당신은 제게 하나의 기억이 아니었습니다. 거기에 우리가 마주했던 어려움들 가운데 하나가 있습니다. 당신이 기억 없이 머물러 대면했던 제 자신 앞에서 당신을 기억했던 사람은 바로 당신 자신이었습니다." ─ "하지만 당신이 저를 불렀기 때문에 저는 되돌아보았던 거예요." ─ "저는 당신을 돕기 원했습니다." ─ "저를 제 자신에게로 인도하기를 원하면서?" ─ "당신을 돕는 것 이외에 아무것도 원하지 않았습니다." ─ "그래요. 약간 돕는 것, 그것은 좋은 일이지요." ─ "당신이 잘 알고 있듯, 저는 대수롭지 않은 역할을 맡았을 뿐입니다. 저는 당신이 하기 원했을 말을 당신에게 되돌려 보냈던 이 방의 벽이었습니다." ─ "대수롭지 않은 역할. 하지만 당신은 기다리고 있었지요. 늘 기다리고 있었어요." 그는 웃으며 말했다. "저는 기다리고 있었습니다. 완벽하게 기다리고 있었습니다. 기다릴 줄 안다는 것이 좋은 벽의 장점이지요." 그녀는 계속했다. "당신은 기다리고 있었어요. 다만 기다리는 것에 만족하지 못했을 뿐이에요." 그는 사태를 생각해 보고 나서 대체로 동의했다. "아마도. 저는 제가 할 수 있었던 것을 했습니다. 그러나 기다림 속에서 자신의 만족을 찾기를 원하지는 않았습니다. 기다린다는 것, 그것이 그토록 심각한 일이었던가요?" ─ "그것은 가혹한 일이었어요." ─ "그런데 우리가 기다림을 포기했을 때는?" ─ "그것은 가장 가혹한 것이었겠지요." ─ "그렇기까지나?" ─ "그렇기까지나. 당신이 저 그대로를 본다면." 그가 보았던 그녀 그대로, 그녀의 보이지 않는 고통을 더

보이지 않게 만들려는 것 같았던, 손에 가려진 얼굴. 그랬다. 그가 보아야만 했던 그녀 그대로.

  그녀의 보이지 않는 고통에 따라 더 보이지 않게 되는 얼굴.

❖ 그가 그녀에게 물었다. "그런데 당신은 제가 당신을 찾기 위해 여기에 왔었고 당신을 찾았다는 느낌이 들지 않나요? 그러면 나머지는 뭐가 문제가 될까요?" ─ "아마도 다시 찾는 것. 그러나 저를 찾았었던 게 아닌 채로." ─ "무엇을 말하고자 합니까?" ─ "당신이 누구를 찾았는지 모르고 있다는 걸." 그는 그 말을 가볍게 받아들였다. "물론입니다. 그러나 그렇기 때문에 사태가 더 절묘해집니다. 당신이 제게 친밀하지만, 또한 모르는 사람이라는 것을 인정합니다. 놀라운 느낌입니다." ─ "그녀는 당신에게 모르는 사람이에요. 저는 당신에게 친밀할 뿐이지요. 당신은 그걸 느끼고 있어요." ─ "저는 다르게 느끼고 있습니다. 저는 우리 둘 모두에게 모르는 자와 친밀하면서 당신과 함께 있습니다." ─ "저는 그 사람이 같은 방식으로 우리에게 모르는 자이지 않을까 염려하고 있어요." ─ "당신은 왜 그렇게 슬프게 말하는지요?"

❖ 그는 비밀 자체보다 그에 접근해 나가는 과정이 더 중요하다고 오랫동안 믿어 왔다. 그러나 여기서 접근한다는 것은 접근하지 않은 채 접근한다는 것이었다. 그는 결코 비밀에 더 가까이 있지도 그것으로부터 더 멀리 있지도 않았다. 따라서 그것에 접근해서는 안 되었고, 다만 주의를 기울여 방향을 정해야만 했다.

❖ "당신은 한 번도 저에게 호소하지 않지요. 다만 제가 남기고 떠난, 또한 저의 떠남 자체와 같은 제 안의 비밀에 호소하고 있을 뿐이에요."

❖ "당신은 비밀과 함께 여기 있다는 느낌을 갖고 있지요. 하지만 당신은 저와 함께 여기 있습니다." ── "제가 만약 당신과 함께 있지 않다면, 그건 덜 비밀스러운 거예요. 비밀은 바로 당신과 함께 여기 있다는 거예요. 그런데 왜 어떤 비밀에 대해, 어떤 신비에 대해 말하나요? 비밀, 신비와 같은 말들은 제게 반감을 불러일으킵니다." ── "정확히 그렇습니다. 그러나 우리는 그 말들이 우리에게 감추고 있는 것을 발견하기 위해 여기 있는 겁니다." ── "신비한 것은 아무것도 없어요. 우리는 아무런 신비한 것도 만들어 내고 있지 않아요."

그가 그녀를 바라볼 때, 그는 신비 ── 그녀가 반감을 불러일으킨다고 말했던 그 말 ── 가 또한 이 보이는 현전 가운데 전부 명확하게 드러난다는 것을 잘 알고 있었다. 그 현전이, 단지 보이기만 하는 것이 빛나는 가운데, 진정한 한밤의 어두움을 가려 버렸던 것이다. 그러나 그 현전은 신비를 밝혀 주지 않았을뿐더러 현재에 현전하게 하지도 않았다. 그는 그 현전이 신비하다고 말할 수 없었으리라. 그것에는 너무나 신비가 제거되어 있었으며, 그렇기 때문에 그것은 신비를 날것으로 드러냈다. 다만 신비를 벗기지 않은 채로.

❖ 신비한, 그것은 벗겨지지 않은 채 날것으로 드러난다.

❖ 그리고 그녀가 그것을 말했을 때에는? 그녀가 그것을 말했기 때문에, 그것이 신비하지 않았는가?

❖ 비밀이 그에게 부담이 된다. 비밀이 말해져야 하기 — 그럴 수 없다 — 때문이 아니라, 비밀로 인해 가장 쉽고 가장 가벼운 말들을 비롯해 모든 말들이 무게를 갖게 되기 때문이다. 또한 비밀은 그 자체를 제외한 말해질 수 있는 모든 것이 말해지기를 요구한다. 쓸데없는 말들이 그렇게 너무나 큰 필연성을 갖고 있기 때문에, 그 말들은 똑같은 중요성을 갖고 똑같이 무차별성으로 돌아간다. 거기에서 어떤 말들이 다른 말들보다 더 중요하지 않다. 중요한 것은, 그 쓸데없는 말들이 동등성 속에서 소진되면서 동등하게 말해져야 한다는 것이다. 다만 그것들을 말할 수 있는 가능성은 소진되지 않은 채.

❖ 비밀은, 비밀을 명백히 드러내고, 명백히 드러나게 만드는 그것에 의해 감추어져 있지 않은가?

❖ "제가 당신에게 말하지 않았던 모든 것은, 당신 안 어디에선가 이미 망각되어 있을 거예요." — "망각되었습니다. 그러나 제 안에서는 아닙니다." — "당신 안에서도 망각되었어요." 그는 생각해 보았다. "상상컨대 만약 당신이 제게 모든 것을, 가능한 말할 수 있는 모든 것을 말하는 게 가능하다면, 그러나 단 하나, 이것은 빼고, 저는 빠진 그것을 당신이 직접 알려 주는 것보다 더 명확한 방식으로

알게 될 것입니다. 그것은 구애받지 않고 전해질 것입니다." ─ "그러나 당신이 원하는 것은 저의 삶이지요. 말해야 할 아무것도 더 이상 남겨 두지 않기 위해, 저는 삶에 들어올 아무것도 남겨 두지 않아야만 할 거예요." ─ "정확히 당신의 삶은 아닙니다. 반대로 제가 간직해 두고 있는 것이 바로 당신의 삶입니다." ─ "그렇다면 당신은 저의 삶 그 이상을 원하고 있는 거예요."

❖ "그렇게…… 해." ─ "당신이 말할 때조차, 당신이 말한다는 사실을 알고 있으리라는 것이 확실하지 않습니다. 아마 당신은 오직 스스로도 모르는 채 제게 말할 것입니다. 당신이 스스로 말한지도 모를 어떤 말을 통해 제게 전해질 것입니다." ─ "그러나 당신은 제가 말했다는 걸 알 거예요. 당신은 그걸 제게 알려 주기 위해 거기 있을 거예요." ─ "저는 거기 있을 겁니다. 하지만 저는? 무엇을 보고 저는 그걸 알 수 있지요? 저는 어떻게 바로 그것이 제가 들어야만 하는 것인지 알 수 있을까요? 제가 그것을 잘 들을 수 있다면 말입니다." ─ "그때에는 당신이 제가 그것을 들을 수 있도록 해줄 거예요." ─ "그러나 제가, 그래야만 하는 대로 침묵 속에서, 스스로 다시 말할 수 없을 것을 들을 수도 있습니다. 또한 제가 당신에게 정직하게 말하더라도, 당신은 저를 들을 것이고, 당신 자신을 듣지는 않을 것입니다." 그녀는 놀라는 것 같았다. "당신이 잘 아는 대로, 제가 말하는 것, 저는 그것을 진정으로 들어서는 안 돼요." 이어서 그녀는 갑자기 이렇게 말했다. "당신이 저를 듣자마자, 그 사실을 저는 알 거예요. 아마 당신보다 먼저 알 거예요." ─ "제 태도를 보고

알 거라는, 제게 뭔가 변화가 있을 것 같다는 말인가요?" 그러나 그녀는 기쁘게 반복해서 말했다. "저는 그 사실을 알거예요. 알 거예요."

❖ 말하면서, 말하기를 지연시키면서. 그녀가 말하고 있었을 때, 그녀는 왜 말하기를 지연시켰는가?

비밀 —— 얼마나 거친 말인가 —— 은, 그녀가 말했고 말하기를 지연시켰다는 것 이외에 아무것도 아니었다.

그녀는 말하기를 지연시켰고, 그로 인한 차이(말함과 말하기를 지연시킴 사이의 차이) 때문에, 그녀가, 자신을 내보이지 않은 채, 매 순간 보이도록 해야 했던 무차별적 현전이 매혹 아래에서 찾아왔던 장소가 그 때문에 열린 채로 남아 있었다.

그 무차별적 차이가 현전하도록 하면서.

❖ "그것을 해. 난 네게 그걸 요구해." —— "아니, 너는 네게 그걸 요구하지 않아."

침묵하지만 침묵과 무관한, 또한 침묵하지 않는, 말하지 않는 이 현전.

"내게 설득해 봐. 설사 네가 내게 설득하지 않는다 하더라도." —— "제가 무엇을 당신에게 설득해야 하나요?" —— "내게 설득해 봐."

❖ "그것을 내게 줘." —— "저는 제가 갖고 있지 않은 것을 당신에게 줄 수 있을 뿐이에요." —— "그것을 내게 줘." —— "저는 제 힘으로

어쩔 수 없는 것을 당신에게 줄 수 있을 뿐이에요. 정 그렇다면 제 삶을, 즉 이것을……." ── "그것을 내게 줘."

"다른 선물은 없습니다." ── "제가 어떻게 그렇게 할 수 있나요?" ── "모르겠습니다. 저는 단지 제가 당신에게 그것을 요구하고 있다는 것을, 당신에게 그것을 끝까지 요구할 거라는 걸 알 뿐입니다."

❖ 침묵하지만 침묵과 무관한, 또한 침묵하지 않는, 말하지 않는 이 현전.

그에게 그 현전을 손가락으로 가리켜 보여 주면서 얼마나 그녀는 대담했던가. 그는 그 몸짓을 얼마나 느리게 이해했던가. 이제 그는 모든 것을 이해했으며, 이는 스스로 해야만 한다고 느꼈던 최소한의 것이었다. 그는 그녀가 자신의 현전으로 인해 낙담한 것 같았고, 낙담했지만 자신이 어떠했는지 기억하지 못하고 다만 이 무차별적 차이의, 자신의 현전의 매혹 아래에로 돌아오면서 스스로 위안받았다는 사실도 이해했다. 그러한 생각에 따라 열린 길에서, 그는 앞으로 나아갈 준비가 되어 있었고, 그녀의 현전에 응답한다면 자신의 현전의 똑같은 계시에도 응답해야 한다고 예감했다. 그러나 그럴 수 있을 정도로 정확하기에는 그는 여전히 멀리 있었다.

❖ "그녀의 현전이 거기 있나요?" ── "물론입니다. 당신이 거기 있다면." ── "하지만 그녀의 현전이 거기 있나요?"

❖ "이 현전." ── "당신의 현전." ── "또한 당신의 현전이기도 해요." ── "하지만 당신의 현전도 저의 현전도 아닙니다."

❖ 비밀, 그녀로 하여금 말하게 하고 말하기를 지연시키게 했던 그 유보, 그 유보로 인해, 그로 인한 차이 가운데 그녀에게 말이 주어졌다.
 "제가 한 번이라도 당신에게 말할 것이라고 약속했나요?" ── "아닙니다. 그러나 아무것도 말하지 않으면서, 어떠한 것도 말하기를 거부하면서, 하지만 말하여지지 않은 것에, 말에 대한 약속에 묶인 당신이, 바로 당신이 있었습니다."
 그들은 말하지 않았으며, 그들은 그들 사이에서 여전히 해야만 하는 모든 말 그 자체를 보증하는 자들이었다.

❖ 그에게 이전에 기다렸던 것보다 덜 기다리고 있다는 느낌이 든다. 그것을 그는 더 끈질기게 기다림이 이어지고 있다는 신호로, 도착적인 신호로 생각한다.
 기다림 속에, 기다리고 있는 것들보다 기다려야만 할 것이 언제나 더 많다.
 기다림 속에서 그로부터 모든 것들이 빠져나가지만, 그가 그것들을 잃어버리는 것이 아니고, 잃어버렸다는 느낌에 그것들을 보존할 수 있는 것도 아니다.
 그에게는 더 이상 기다릴 힘이 없다. 만약 그 힘이 있다면 그는 기다리지 않으리라. 그는 이전보다 기다릴 힘을 덜 갖고 있다. 기다림이 기다릴 힘을 마모시키는 것이다. 기다림은 마모되지 않는 것이다. 기다림은 마모되지 않는 마모이다.

❖ "항상, 저는 스스로 말하고 있는 것을 들어요." ─ "바로 그렇기 때문에 당신은 그것을 말하고 있지 않은 것입니다. 들음을 통해, 들음 속에서 모든 것을 간직하고 되찾는 것입니다."

❖ 그는 기다릴 줄 아는가? 기다릴 줄 알면서 그는 기다림에 필요한 지식을 얻기를 원하는가? 그렇다면 그는 기다릴 줄 모르는 것이다.
  기다릴 줄 안다는 것, 그것은 오직 기다림을 통해서, 오직 기다릴 줄 알아 왔다는 조건 하에서 주어질 수 있는 지식과 같다.

❖ 기다림, 낮의 길, 또한 밤의 길.

❖ "여전히 기나긴 길이 남아 있습니다." ─ "그러나 그 길은 우리를 먼 곳으로 데려가지는 않을 거예요." ─ "그 길은 우리를 가장 가까운 것으로 이끌 것입니다." ─ "가까운 모든 것이 어떠한 먼 곳보다 더 멀다면."
  마치 그녀는 자신 안에 가까움의 힘을 갖고 있는 것 같다. 멀리서 ─ 그녀가 문에 기대어 서 있을 때 ─, 어쩔 수 없이 가까이서 그리고 언제나 다가오면서, 그러나 그의 곁에서, 단지 여전히 가까이 있으면서, 그리고 보다 곁에서 그녀는 스스로 분명히 가까워지는 데에 따라 완전히 멀어져 간다. 그가 그녀를 붙들 때, 가까움과,

가까움 속에 먼 곳 전체와 바깥 전체를 회집하는, 이 다가가는 힘을 그는 만진다.

"당신은 가까이 있고, 그녀는 다만 현전할 뿐입니다." —— "저는 단지 가까이 있을 뿐이고, 그녀는 현전이에요." —— "그렇습니다. 단지 가까이 있을 뿐이지요. 저는 그 '단지'를 부정하지 않을 것입니다. 저는 그 '단지' 덕분에 여기서 당신을 붙들고 있습니다." —— "당신이 저를 붙들고 있기 때문에?" —— "당신 역시 저를 붙들고 있지요." —— "저도 당신을 붙들고 있어요. 그러나 누구 가까이에서 그런 건가요?" —— "가까이에서. 가까운 모든 것과 가까이에서." —— "가까이에서. 그러나 반드시 당신 가까이에서도 제 가까이에서도 아니겠지요?" —— "제 가까이에서도 당신 가까이에서도 아닙니다. 그러나 그래야만 합니다. 매혹이 주는 절묘함이 있어야만 합니다. 당신은 결코 충분히 가까이 있지도 않을 것이고, 결코 지나치게 가까이 있지도 않을 것입니다. 그러나 우리는 언제나 붙들고 있을 것이고, 서로의 곁에 있을 것입니다."

곁에서 서로 붙들고 서로 이끌리면서. 이끄는 것은, 현전 가운데 고갈되지 않고 부재 가운데 흩어지지도 않으면서 매혹 아래에서 유지되는 가까움의 힘이다. 가까움 속에서 현전이 아니라 차이와 접촉하면서.

"가까이에서, 설사 제가 말하지 않는다 하더라도?" —— "그렇다면 가까움이 말하게 하면서."

그녀 안에서 말하고 있었던 것은 다가감 자체, 말의 다가감, 다가감이라는 말이었다. 말 속에서, 말로 언제나 다시 다가가는 그 말.

"그러나 제가 가까이 있다면, 당신도 마찬가지이기 때문이에요." ─ "물론입니다. 그러나 우리는 진정으로 그것을 말할 수는 없습니다." ─ "우리는 무엇을 말할 수 있나요?" ─ "제가 거기 있다는 사실을." ─ "반면 저는 진정으로 거기 있는 게 아닌가요?" ─ "당신은 거기, 가까움 속에 있습니다. 그것은 당신의 특권이지요. 그것은 매혹의 진실입니다." 매혹, 다가감이 다가감 속에서 모든 것의 대답이 되는 방법.

"그래서 우리는 결코 가까움이라는 거리를 가로질러 갈 수 없겠지요?" ─ "그렇지만 우리는 언제나 가까이에서 만날 것입니다."

❖ 그녀는 문에 기대어 움직이지 않고 서 있다. 똑바로 그녀는 그를 바라본다. 그것이, 그로서는 그녀가 거기 있다는 사실이 무엇을 의미하는지, 어떻게 봤는지 모르는 채 자신을 발견했다고 확신한 단 한순간이다. 그녀가 방금 전에 한 남자를 어렴풋이 봤던 것이고, 그녀는 별로 생각하지 않고, 신경질적으로 몸짓의 의미를 알아보기 위해 그에게로 온다. 그 몸짓에는 분명 덧붙일 말도 없으며, 그 사실을 그녀는 들어오면서도 알고 있다. 분명 그녀는 문도 두드리지 않고 들어온다. 그 점에 대해 그는 나중에 물어봐야만 할 것이다. 그러나 이러한 종류의 예의바름은 그녀의 격한 행동과 잘 어울리지 않는다. 신경질이 그 유일한 동기였다고 본다면 그렇다. 그러나 그렇게 믿기는 어렵다. 지금 그녀는 또한 불편해 보인다. 아마 정당화되기 어렵고 아무래도 놀라운 그녀의 그러한 자발적 행동이 가져올 오해를 생각해서 그런지 모른다. 설사 그가 젊음의 당당한 자신감

속에서 그러한 방문에 별다른 특별한 아무것도 보지 못한다 하더라도, 그녀의 현전에는 그 가장 명백한 특징, 그를 혼란스럽게 만드는 특징인 놀란 기색이 드러나 있다. 그 놀란 기색이 분명히 보인다. 그녀는 화를 낸 이후에 너무나 자신을 잘 추스리고, 스스로 놀랐다고 느꼈던 것이든, 아니면 놀란 자신을 드러냈던 것이든, 결국 그녀가 낸 화는 그녀 자신의 놀라운 현전 속에서 단호하고 폐쇄적인 면을 드러낸다. 놀라운 현전, 왜냐하면 그것은 그로 하여금 잠시 그녀와 공유한 이 방에서 스스로를 침입자로 느끼지 않을 수 없게 할 정도로 다른 모든 현전을 퇴거시켜 놓기 때문이다. 이 침입했다는 느낌은 그를 스쳐 지나가기만 한다. 그는 그녀에게 자리를 내줄 것을 생각하기는커녕, 덫이 움직일 때 느끼는 사냥꾼의 차가운 환희를 맛보고, 기다리고 있었던 포획물을 지금 분명해진 가까움이라는 장소에 놓아 둔다. 그녀가 거기 있으며 그녀가 다시 떠나도록 놔두지 않으리라는 생각만이 이 순간 그를 사로잡는다.

  그것은 꽤 길고 아마 비정상적으로 좁은 방이고, 그 사실을 그는 이전에 이미 알아차렸다. 약간 고미다락방 같은 이 좁은 방은, 길이의 불균형을 강조하는 극단의 이 현전으로 인해, 복도 같은 모습을 하고 있다.

  그 사실은 그녀로 하여금 익히 이 방을 잘 알고 있다고 생각하게 한다. 이 방에 들어올 때 그녀는 분명히 문도 두드리지 않고 주위를 둘러보지도 않은 것이다. 그녀가 여기에 너무나 갑작스럽게 들어와서, 그는 자기 자신이 그녀의 방에 들어가 불편하고 격분하고 놀라서 움직이지 않는 그 태도로 그녀를 놀라게 했다는 느낌을 받고, 그녀는 순간적으로나마(모르는 장소에 도착한 사람이 그렇게 하지 않을 수 없는 것처럼) 주위를 둘러보지도 않고 단 한 방향에 정확히 자리 잡은 것이다. 그 방향에서 그녀에게 돌아서는 것만이 중요하다. 그에게로. 자연스러운 일이다. 그녀가 다른 이유 때문이 아니라 그를 보기 위해 왔다고 가정해 본다면 그렇다. 그녀에게 자신의 행동을 보다 만족스럽게 정당화해 줄지도 모를 다른 이유들은 여전히 떠오르지 않는다. 가령 그녀가 이전의 어떤 사건에 대한 기억 때문에 이 방에 이끌려 들어왔다는 구실을 댔다면, 그에게는 친밀하고 내밀한 느낌과 더불어 그녀와 이 주위가 어울리지 않는다는 느낌이 들 수도 있다. 그의 현전, 그가 보냈던 신호, 그의 접근이 문득 그녀의 과거를 깨워서, 그녀가 자신을 통제하기 전에 거기에 매혹되었을 수도 있다. 또는 보다 단순하게 착각일 수도 있고, 또는 그녀가 그를 이전에 이미 만났던 사람인 줄 알았는데, 그가 실수를 막을 수 없을 정도로 당혹스럽게 유사한 용모를 가졌음에도 불구하고, 이제 그 사람이 아니라는 것을 알았을 수도 있다. 물론 그는 그녀가 반사적이고 의무적으로 자신의 초대에 응하면서 이 장소에서 일상적으로 행해지는 일에 따랐을 뿐이라고 멋대로 믿을 수도 있다. 사실 그가 알고 있듯 이 호텔은 부분적으로는 그러한 왕래가 이루어지도록 예약된 장소이기 때문이다. 그러한 생각은 그의 마음에 거부감을 불러일으키지 않는다.

❖ 그녀에게 "오십시오"라고 말했을 때 —— 그녀는 마지못해서가 아니라, 자신의 현전을 보다 가까이 드러내 주지는 않는 어떤 단순성

에 따라 즉시 천천히 다가온다 ─. 그는 그렇게 명령조로 초대하는 대신에 그녀를 만나러 나가야 하지 않았는가? 하지만 아마 그는 자신의 몸짓으로 그녀를 두렵게 하지는 않을지 겁을 내고 있었을 것이다. 그는 그녀를 자유롭도록 내버려 두기를 원하고, 그녀가 주도권을 잡는 데에서 자유롭지 않다면 그녀가 움직이는 데에서는 자유롭도록 내버려 두기를 원한다. (그녀는 매우 느린 움직임을 선택한다. 그것은 느리기 때문에 주저함과는 가장 거리가 먼 움직임이며, 그녀 고유의 부동성을 간직하고 있는 움직임, 그 권위적인 간단명료한 초대와 대조를 이루는 움직임이다.) 그것은 정녕 하나의 권위를 가진 말인가? ─ 그러나 또한 내밀성을 가진 말이다. ─ 하나의 폭력적인 말. ─ 하지만 한 단어가 가진 폭력성을 전해 주는. ─ 그것을 멀리까지 전해 주는. ─ 먼 곳에 폐해를 주지 않으면서 먼 곳까지 이르는. ─ 그 말로 그는 먼 곳에서 폭력성을 제거하는가? ─ 그는 거기에 그것을 그대로 남겨 둔다. ─ 그렇다면 폭력성은 가장 먼 곳에서 언제나 존재하는가? ─ 그러나 가까이 있는 것은 바로 먼 곳이다.

 그 말은 그가 그녀에게 보냈던 신호의 연장일 뿐이다. 신호는 계속되면서, 그 자리의 매혹이 긍정되는 비인칭적 어조로, 필연적으로 낮은 목소리로 표명되는 부름의 말로 변한다. 그러나 그 신호는 아무것도 말하지 않았는가? 그것은 가리키면서 신호를 보냈다. 그렇다면 부름은 보다 강경한가? 부름은 부르는 것을 향해 있다. 그러나 그것은 오게 하는가? 다만 부름에 오도록 요구하는 것만이 온다. 그렇다면 그것은 호소하는가? 그것은 부르면서 대답한다.

❖ 어떻게 그것이 현전의 단순성을 해칠 수 있을 것인가?

❖ 기다려도 빠져나가 버리는 것이 언제나 이미 기다림 속에 현전한다면, 현전의 단순성을 제외하고 모든 것이 기다림 속에 주어진다.
 기다림은 기다림 속에 주어지지 않는 현전을 기다리는 것이다. 그렇지만 그 현전은 자신 안에 현전하는 모든 것을 제거하고 기다림에 따라 계속되는, 현전의 단순한 게임에 들어가 있다.

❖ 그들은 마치 그들이 이미 있는 곳에 도달하기 위해 늘 길을 찾아야만 하는 것 같았다.

❖ 그녀는 그의 지적을 지나쳐 버렸고 이렇게 주장했다. "왜냐하면 당연히 제가 당신에게 그것을 말했기 때문이에요. 그러나 그것은 의심의 여지없이 너무 단순한 것이었어요." ― "그것은 놀라울 정도로 단순했습니다." ― "말해지기에는 너무 단순했어요." ― "그러나 단순했기 때문에 말해진 것입니다."

❖ 그녀가 접근하고 있는 데에서 나오는 고유의 힘을 낯선 자리라고 느끼는 감정으로 그녀 안에서 포착하면서, 그는 그녀를 보고 있다기보다는 그녀의 접근을 보고 있다는 느낌을 받는다.

❖ "당신이 다가오고 있었을 때……." ― "왜 과거형으로 말하나요?" ― "보다 편리하기 때문입니다. 말은 과거형으로 말해지기를

원합니다." ─ "당신은 그녀의 현전을 해치기를 원치 않는 거예요. 전 잘 알고 있고, 언제나 알고 있었죠. 지금 그녀는 어디에 있나요?" ─ "그러니까 당신이 있는 곳에 있습니다. 이렇게 말할 수 있습니다. 그녀는 소파에 앉아 있고, 몸은 약간 돌아서 있으며, 머리는 기울어져 있는 것처럼 약간 숙여져 있습니다." ─ "그럼 그녀는 더 이상 당신을 향해 있지 않군요?" ─ "그래요. 꼭 그런 건 아닙니다." ─ "왜 그렇게 불분명한가요?" ─ "제가 보기에, 저는 그녀 가까이에 앉아 있기 위해 왔습니다. 그러나 그녀가 소파 끄트머리에 앉아 있기 때문에 저는 약간 뒤로 물러나 있고, 숙인 목 아래로 드러난 어깨를 만지기 위해 충분할 정도로 가까이 다가가 있습니다." ─ "보고 있어요. 당신은 그녀를 미끄러뜨려 약간씩 끌어당길 건가요?" ─ "아마도. 그게 자연스런 움직임일 겁니다." ─ "비겁하지 않나요? 그럼 그녀가 저항할 수 없잖아요." ─ "그녀가 왜 저항하겠습니까? 오래전부터 일은 벌어지고 있었던 것입니다. 그런 관점을 고집할 이유라도 있나요?" ─ "어떤 관점?" ─ "그녀가 모든 것이 제자리에 남아 있기 원할 거라는." ─ "그녀가 그걸 원치는 않을 거예요. 알고 있어요. 하지만 그녀는 왜 돌아서서, 거의 뒤돌아서 있나요? 그건 단순히 동의하는 태도가 아니에요. 그걸 고려해야만 해요." ─ "맞습니다. 그걸 고려해야만 합니다. 그러나 그것은 매혹에 응답하는 그녀의 방식입니다. 거부하지도 받아들이지도 않으면서, 그런 거부하고 받아들이는 방식들의 차이를 언제나 이미 쓸데없는 것으로 만드는 어떤 단순성입니다." ─ "하지만 모든 것이 말해지지는 않았어요." ─ "아무것도 말해지지 않았습니다."

"당신은 언제 거기로 가기로 결정했나요?" ─ "거기로, 이 소파 위로?" ─ "그래요." ─ "그녀가 거기 앉아 있는 걸 보았을 때." ─ "당신을 기다리면서?" ─ "저를 기다리면서, 기다리지 않으면서." ─ "그녀가 겁을 낼까 봐 우려하지는 않았나요?" ─ "그런 건 생각해 보지도 않았습니다. 저는 매우 빨리 행동했을 뿐입니다." ─ "그래요. 당신은 빠르지요. 그녀는 언제 당신의 현전을 알아챘나요?" 그는 대답하지 않았다. "당신이 그녀의 어깨를 붙잡았을 때, 그녀는 굳어지지 않았나요?" ─ "그러니까, 당신이 알고 있듯이, 그건 매우 가벼운 접촉이었을 뿐입니다. 그녀에게 제가 여기 있으며 우리는 이제 충분히 시간이 있다는 걸 암시하는 방법일 뿐이었습니다." ─ "그래요. 좋네요. 거리가 갑자기 사라지고 이야기는 설정대로 될 수밖에 없다는 느낌 말이에요. 그러나 너무 자신감을 보여 주었다고 생각하지 않으세요? 너무 당신 자신을 확신한 게 아닐까요?" ─ "그렇게 생각할 수도 있습니다. 그런 일은 과도한 자신감 때문에 설정대로 이루어집니다." ─ "당신은 그녀를 모르고 있었어요. 그녀가 왜 왔는지 알지 못하고 있었어요." ─ "그걸 알지 못하고 있었습니다. 그러나 저는 그녀에게 그걸 묻는 것 이외에 다른 아무것도 하지 않았습니다." ─ "바로 이런 방식으로?" ─ "아, 그녀는 당신보다 더 단순합니다."

"그런데 뭔가 다가온다는 사실에서 비롯된 놀라운 힘에 대한 특이한 느낌이 그 시간 내내 제게 있었다는 걸 잊지 마십시오. 모든 건 거기에 달려 있었던 겁니다." ─ "낯선 어떤 사람 또한 다가갈 수 있어요." ─ "물론이지요. 나아가 오직 낯선 자만이 그럴 수 있습니다. 그것이 놀라운 일을 만들어 냅니다. 저는 제 자신이 이제까지 만났던 어떠한 사람보다 그녀에게 더 모르는 자라는 느낌을 받았습니다." ─ "그래서 당신은 당황하지 않고 앞서 나갈 수 있다고 생각했던 건가요?" ─ "당신을 어떻게 해서도 알 수 없고, 누구도 어떻게 해서도 알 수 없는 어떤 사람, 그래서 그러한 만남이 매력적인 것입니다. 그러나 다른 것이 있었습니다." ─ "그래서?" ─ "그러니까 말하기 어렵습니다. 그녀는 자신을 바라보라고 쉽게 내버려 두었어요." ─ "그 정도로! 그녀가 스스로 구경거리가 되도록 내버려 두었다는 건가요?" ─ "그건 아닙니다. 실제로 구경거리가 된 어떤 느낌 ─ 그러나 매우 약화되고 희미한 느낌, 제 스스로 주시할 필요도 없는 구역에서나 벌어질 구경거리 ─ 이 지배한다면, 그녀가 그 주인공이 되지는 않을 겁니다. 아마 그녀는 반대로 거기서 낙담할 것입니다." ─ "사실은 당신이 아예 태평하게 그녀를 바라본 게 아닌가요?" ─ "아마. 그러나 그녀가 태평했기 때문입니다. 그래요. 그녀를 바라볼 권리를 가졌는지 걱정하지 않았습니다."

마치 바라본다는 것이 봄의 힘의 실현과 관계있을 뿐만 아니라, 이미 그토록 드러나 버린, 하지만 여전히 감추어져 있는 그녀의 현전에 대한 긍정에서 비롯된 것처럼.

"그녀는 왜 그렇게 자신을 보도록 내버려 둘까요?" ─ "쾌락 때문에, 생각해 보면, 보여진다는 쾌락 때문에." ─ "하지만 충분히 보이지는 않아요." ─ "당연히 결코 충분히 보이지는 않습니다."

❖ 문에 기대어 서서 움직이지 않고, 그리고 언제나 다가가면서, 또

한 소파 끄트머리에 앉아 몸을 약간 돌리고 그의 뒤에 기대어 몸을 젖혀 미끄러지면서. 그리고 그는, 뒤에서 그녀가 미끄러지도록 하고, 그녀가 돌아누운 자리를 거쳐 공간의 일부를 가로지르도록 하면서. 건너갈 수 없는, 이미 건너간 그 공간은 그녀와 분리되고, 그녀의 얼굴이 그의 앞으로 지나간다. 그때 그녀는 눈을 뜬 채 조용히 아래로 향하게 한다. 마치 그들은 서로 바라볼 필요가 없다 하더라도 서로 바라보게 되어 있는 것 같다.

있는 그대로 그녀를 감싸고, 아직 끝나지 않은 매혹의 움직임으로 그녀를 이끌면서 그는 그녀를 안고, 그녀는 미끄러진다. 이 미끄러짐 가운데 나타나는 이미지, 그녀의 이미지 속으로 미끄러져 들어가면서.

❖ "그렇습니다. 그것이 이미 자신의 현전과 싸우는 그녀의 방법이었다는 것을 압니다." —— "아, 그녀는 싸우지 않아요." —— "맞습니다. 그녀는 그 사실을, 저항해서도 동의해서도 안 되고 저항과 동의 사이에서, 그 둘 사이에서 유보되어, 서두르는 동시에 느리게 움직이지 않고 미끄러져 가야 한다는 것을 놀랍게도 잘 이해했습니다." —— "그녀는 당신에게 응답하는 것 이외에 아무것도 하지 않아요." —— "그녀는 다른 모든 사람과 마찬가지로 제게도 응답하지 않습니다." —— "어느 누구와 마찬가지로 당신에게도. 바로 그것이 극단에서 이끄는 거예요." —— "그렇게 그녀는 자신의 현전 밖으로 이끌리는 겁니다." —— "이끌린다. 그렇지만 아직 아니에요. 그녀는 언제나 이끌지만 아직 이끌지 않는 것이 이끌기에 이끌려요." —— "모

든 거리를 강요하고 제거하며 모든 거리 사이에 놓여 있는 매혹을 통해서." ─ "그녀 자신 안으로, 그녀 자체가 되어 버린 이 매혹의 장소 안으로 이끌려요." ─ "어디에나 현전하면서." ─ "현전 없이 현전하면서." ─ "그녀를 자신이 몸을 젖힌 자리 자체와 같게 만드는, 그녀가 공간에 전해 준 선물을 통해, 즉 배가되는 공간의 무거움과 가벼움을 통해 현전하면서." ─ "그의 뒤에 기대어 몸을 젖히면서." ─ "그녀 안으로 미끄러져 가면서." ─ "바깥에 자신을 내어주면서." ─ "몸을 젖히면서, 또한 자신을 모든 보이는 것과 모든 보이지 않는 것으로부터 돌아서게 만드는, 나타나고자 하는 어떤 정념에 의해 스스로를 드러내면서."

❖ 그들 사이에 거리를 두지 않고, 누워 있는 두 몸을 어쩔 수 없이 조용히 밀어내기 위해서 그런 것처럼, 비스듬히 기대어 가볍게 일어났을 때, 그녀는 이렇게 말했다. "잠시 후에 그녀가 그것을 말하나요?" ─ "그럴지도 모르죠. 잠시 후에." ─ "그녀는 언제나 당신 가까이에 있나요?" ─ "그녀는 가볍게 다시 일어납니다." ─ "당신을 보다 더 잘 바라보기 위해서?" ─ "아마 보다 더 편히 숨쉬기 위해." ─ "그런데 그녀는 당신을 바라보지 않나요?" ─ "그녀는 차라리 자신이 말하는 것을 바라봅니다."

❖ 완성된 것은 그 완성을 요구한다.

❖ "어떻게 그들은 결국 서로 말하게 되었습니까?" 이 말은 그녀를

웃게 만들었다. "자연스럽지 않나요?" — "저도 그렇게 생각합니다. 하지만 다른 이유가 있었다고, 그리고 그 이유 때문에, 자연스럽게 말하도록 했던 것이 말을 하기 너무나 어렵게 만들었다고 믿습니다. 그렇지 않다면 그는 왜 그녀의 말을 듣고 갑자기 놀랐을까요? 또 그녀가 자신의 목소리 — 약간 연약하지만 선명하고 차가운 어떤 목소리, 그가 주의했음에도 불구하고 오직 어렵게만 응답할 수 있었던 어떤 믿음 — 에 불과한 것을 그에게 맡겨 두면서 요구했던 확신을 왜 그는 갖고 있었던 것일까요?" — "처음에는 이따금 그래야만 해요." — "적어도 이번에는 그랬습니다."

❖ "이 말들 가운데 무엇이 당신을 놀라게 하나요? 단순한 말들이에요." — "저는 당신이 말하지 않으리라는 생각에 익숙해져 있었습니다. 당신은 지금까지 아무것도 말하지 않았고, 아무런 말해야 할 것도 없었습니다." — "그래서 당신은, 모든 것들이 벌어졌던 지점에서 뒤로 물러나고 표현되지 않을 것이라고 생각했나요? 당신이 그렇게도 쉽게 유리하게 다룰 수 있었던 일어났던 모든 것에서보다 이 목소리에서 더 예기치 않은 것이 있나요?" — "더 예기치 않은 아무것도 없습니다. 다만 약간 덜 예기치 않은 것이 있을 뿐입니다. 그랬던 것보다 약간 덜 그런 것 — 그것은 이 목소리의 한 부분입니다 — 이 있을 뿐입니다. 그런 점에서 놀라게 됩니다." — "목소리 때문인가요? 목소리와 관련해 무엇을 비난하고 싶은 건가요?" — "목소리와 관련해 비난할 아무것도 없습니다. 그것은 약간 연약하고 조금 감추어진 어떤 목소리입니다. 아마 제가 기다렸던

것보다 더 선명하고 더 차가운." ─ "당신은 주저하고 있어요. 보다 더 솔직할 필요가 있어요. 그 목소리에 어떤 낯선 점이 있나요?" ─ "그것은 어떤 다른 목소리와 마찬가지로 친밀합니다. 아마 그 고요한 현실성이 다른 모든 것들의 현실성을 제거하면서 저를 놀라게 하는 것이겠지요?" ─ "다른 모든 것들? 일어났던 것들?" ─ "그것들 또한 그 자체로 현실성을 갖고 있습니다. 당연히. 그러나 지금까지 제게 너무나 단순하게 보였던 모든 것들이 갑자기 목소리 속에서 긍정되는 것 같은 또 다른 단순성과 마주치게 된 것입니다. 무언가 변한 것이지요."

놀라움은 모든 것들과 또한 모든 놀라운 것들이 뒤로 물러나는 것 자체에 있다.

목소리가 단순한 만남에서조차 드러나지 않을 수 없는 요소만을 덧붙이면서 다른 것들 가운데 하나로 여기에 갑자기 자리 잡는다는 사실이, 그 갑작스러운 나타남이 그를 놀라게 한다. 그녀가 자신 전부를 각각의 말 가운데 던져 놓고, 더 말하기 위해 필요한 어떠한 유보도 없이 거의 직접적으로 말하고 있는 동안, 그녀는 자신이 잘 들리도록 준비된, 또는 스스로를 필연적으로 미리 표현하는 그러한 위치에 이미 올라가 있었다. 그러면서 또한 그녀는, 마치 방 안을 침묵으로 채우는 것처럼, 앞에 서서, 뒤에 서서, 시간을 빈 곳으로 채웠고, 부족한 능력에도 불구하고 때로는 퇴각 가운데, 때로는 바깥에서, 언제나 멀어져 가고 언제나 가까이 다가가면서 찾고자 했고, 분명히 했다. 마치 약간 차갑게 "저는 당신에게 말하기를 원해요"라고 말하는 이 목소리가 일차적으로 보존되는 것이 분명해지는 것 같았다.

❖ 중심에서 그 말과 함께 돌아가면서 돌아오면서, 또한 찾아낸 것이, 오직 찾아낼 수 없는 것인 중심과의 관계 가운데, 여전히 찾고자 하는 것에 불과하다는 사실을 이해하면서, 그는 그 말을 찾고자 한다. 중심에서 무언가 찾아낼 수 있을지 모르고 돌아갈 수도 있지만, 중심은 찾아낼 수 있는 것이 아니다. 중심으로서의 중심은 언제나 그대로 남아 있다.

그가 오직 돌아서면서만 만날 수 있었던 그녀의 현전 주위를 맴돌면서.

(돌아선) 그녀의 현전과의 마주함.

❖ "무엇을 생각〔사유〕하나요?" ── "생각하면 안 되는 이 생각을."

가장 가까이 있는 생각, 생각하면 안 되는 생각.

생각하면 안 되는 생각이, 즉 그를 지배하고 있는 부정이 완성되기 위해 생각하지 않는 것으로 충분할 어떤 생각이 있다. 생각하기가 불가능한? 생각하기가 금지되어 있는? 친숙한, 그것은 생각되지 않기를 기다리는, 다른 생각들 가운데 하나의 생각이다. 마치 생각하면 안 되는 생각이기라도 한 것처럼 그것을 생각하지 않기. 생각되지 않은 채로 거기에 있는 것이 행사하는 압력 아래에서 살아가기.

"제가 생각할 수 없는 어떤 생각이 있습니다." ── "당신은 제게 그것을 말하기 원하나요? 제가 그것을 생각할 수 있도록?" ── "당신이 그것을 생각할 수 없도록."

"우리는 왜 이 생각 속에서 더 가까이 있게 되나요?" —— "왜냐하면 그것이 모든 가까움을 배제하기 때문입니다."

❖ 그녀가 그것을 그에게 말했을 때, 주의를 거의 기울이지 않았던 그는 놀라지 않는 것처럼 보였고, 그녀는 그것을 반복해서 말하기를 원했다. 그러나 헛된 일이었다. 이후에 그는 그녀가 그것을 말하도록 모든 노력을 기울였지만, 그럼에도 불구하고 그녀는 자신이 그 문장 또는 그 두 문장에서 사용했었던 표현을 결코 다시 찾아낼 수 없었다. 그녀는 그것이 전체에 한 부분으로 속해 있다고 말했지만, 전체는 문자 그대로 붕괴되어 있었고, 오직 그녀의 현전 가운데 드러난 요구의 빈 곳만이 남아 있었을 것이다.

그것에 대해 말하기를 거부하거나, 말하기가 곤란한 것이 아니다. 반대로 그녀는 너무나 기꺼이 그것에 대해 말할 뿐이다. 가벼움과 함께, 무심함과 함께, 또한 정념과 함께.

"그것을 다시 말한다는 것은 쉬운 일이에요. 그러나 그것을 여전히 처음인 것처럼 말한다는 것은?" —— "그것 또한 쉬운 일입니다. 만약에 당신이 그것을 다시 말하는 데에서 시작하지 않았다면 그렇습니다."

그는 그녀가 오직 시간의 진행과 시간의 우회를 이용해서 요구할 수 있다는 사실을 이해한다. 그러나 그 요구는, 다만 현전할 뿐이고 너무나 직접적인 방식으로 현전하기에 전달할 시간이 존재하지 않는 어떤 요구— 그것, 그는 그것 또한 이해한다— 이다.

요구는 감추어져 있고, 요구의 직접성이 기다림의 우회 속에 감추어져 있다. 매개의 효과를 가져올 수 없는 우회. 직접적으로 즉시 요구하는 요구와, 기다리면서 요구를 받아들이는 기다림이 있을 뿐이다. 말은 매개로 쓰이지 않으면서 하나의 말에서 다른 말로 넘어간다.

❖ "기다리지요. 당신은 결국 말하고 말 것입니다." ─ "기다림 속에 말이 주어지지는 않아요." ─ "그러나 말이 기다림에 응답할 것입니다."
  말은 단어들을 전달하고, 목소리는 말을 전달하며, 기다림 속에 목소리가 간직되어 있다.
  나타나면서 사라져 가면서 그들은 각각의 단어에서 단어들이 아니라 자신들이 나타났다가 사라져 가는 움직이는 공간을 가리키듯이 공간을 가리킨다.
  각각의 단어 속에, 표현되지 않은 것에 대한 응답과, 표현되지 않은 것의 거부와 매혹이 있다.
  "우리는 더 기다릴 수 없어요. 우리는 결코 더 기다릴 수 없어요." ─ "즉 우리는 한 번도 진정으로 기다린 적이 없는 것입니다." ─ "따라서 모든 것이 소용없는 일이었나요? 수많은 노력은 수포로 돌아갔고, 수많은 순간은 멈추어 섰나요?" ─ "우리는 참을성 있게 움직이지 않고 있었습니다." ─ "그리고 저는 여전히 당신에게 모든 것을 말해야 하나요?" ─ "지금 우리가 말해야 할 필요는 없습니다. 계속 담담하게 서로를 듣지요."

❖ 차이. 나는 아무것도 없는 기다림 속에서. 기다림은 모든 것을 이미 다르게 받아들이게 하는 차이를 가져온다. 무차별적인in-différente, 기다림은 차이différence를 가져온다.

기다림 속에서의 영속적인 왕복운동. 즉 기다림 속에서의 멈춤. 모든 움직이는 것보다 더 유동적인, 기다림의 부동성.

기다림 속에 언제나 기다림이 감추어져 있다. 기다리는 자는 기다림의 감추어진 특성과 마주하게 된다.

감추어져 있는 것, 그것은 기다림에서 열리지만 밝혀지기 위해서가 아니라 거기에서 감추어진 채로 남아 있기 위해서이다.

기다림은 열지 않고 닫지 않는다. 받아들이지도 않고 배제하지도 않는 어떤 관계 속으로 들어가기. 기다림은 모든 것들이 감추어지고 드러나는 움직임과 무관하다.

기다리는 자, 아무것도 그에게 감추어져 있지 않다. 그는 드러나는 모든 것들 옆에 있지 않은 것이다. 기다림 속에서 모든 것들은 잠재적 상태로 되돌아간다.

❖ 그는 모든 것들 사이에 감추어진 것을 통해 자신을 보호하지 못한다.

❖ 기다림. 기다림을 통해 그가 이야기에 따를 때에만 받아들일 수 있고, 이야기가 진행되면서 전개되고 있는, 봄과 말함 사이의 이 간격으로 그가 이끌리면서, 하지만 이야기 진행의 진실에 따라 그들 각자가 현전으로부터 떨어져서 묶여 들어가 있는 기다림 속으로 그

가 곧 — 아마도 처음부터 — 다시 내던져지면서.

"우리는 서로 아주 멀리 있었어요." — "함께." — "그러나 서로가 서로로부터 멀리 떨어져 있었어요." — "또한 우리 자신으로부터." — "멀어져 간다는 것은 알 수 없는 거예요." — "멀어져 간다는 것은 멀어짐 속에서 멀어지게 합니다." — "또한 그러면서 우리를 가깝게 하지요." — "그러나 우리 멀리에서."

만약 그녀가 끝이 마치 그의 죽음이라는 선물로 은밀하게 자신에게 주어지기를 기다리고 있다면, 그 끝을 그녀는 그에게 알려 주지 않은 이야기에 따라 기다리고 있는 것이다. 이야기 가운데 또한 그녀는 자신이 기다리고 있는 그 선물에 대해 암시할 수 없다. 언제나 그녀는 그가 스스로 한 말로 받아들여야 할 이 이야기에 따라 그 선물을 받기를 기다리고 있으며, 그에 따라 그의 죽음에 빗대어 그의 말의 의의를 찾아낸다.

"그들 둘 모두를 현전으로부터 떨어뜨려 놓고 또한 분리시키는 그것……." — "그것은 그녀가 그를 이끄는 이야기, 오직 표현된 현전만이 있을 수 있는 이야기입니다." — "언제나 온전한 현전, 이야기의 우회에 따라 다만 현시되는 현전." — "그러나 이야기가 조용히 진행되도록 펼쳐지게 하는 것……." — "그것은 이 떨어진 사이입니다. 거기에서 그들 둘 모두는 현전으로부터 떨어져서 기다리고 있습니다……." — "또한 떨어진 사이에서, 봄과 말함 사이의 빈 곳에서, 기다림에 따라 근거 없이 서로가 서로에게로 향해 가면서." — "망각에 따라."

기다림은 낮의 길이고 밤의 길이며, 그녀가 기다리고 있는 사건으로부터 그녀가 사건을 기다리고 있는 이야기로 넘어가는 길이다. 사건과 이야기는 망각에 따라 함께 이어진다. 망각, 즉 그가 모든 것들에 노출되어 거쳐 가고 있고 머물러 있는 우회. 그때 모든 것들은 감추어져 있지도 드러나 있지도 않고 잠재적 상태로 되돌아간다. 그가 원하든 아니든 그녀 역시 그가 그녀와 맺고 있는 관계 가운데, 그 역시 마찬가지로 그녀가 그와 맺고 있는 관계 가운데 그 상태로 되돌아간다.

"그러나 우리는 비밀을 지키기 위해 거기에 있는 것입니다." ─ "비밀이 우리를 지켜 주지 않는다면." ─ "우리가 거기 있다는 것, 그것이 비밀의 전부입니다." ─ "그래요. 그런데 우리는 거기 있나요?" ─ "그것이 비밀의 전부입니다." ─ "그리고 우리가 거기에 비밀 가운데 있다는 사실이." ─ "비밀 가운데, 또한 드러나게." ─ "그 드러남 속에서 비밀 가운데." ─ "그래서 우리는 그들보다 더 우월합니다. 우리는 그들의 비밀과 같습니다." ─ "그러나 그들은 어떠한 비밀도 갖고 있지 않아요." ─ "그들은 그걸 모르고 있습니다. 그들은 비밀이 하나 있다고 믿고 있습니다." ─ "그러나 우리는, 우리는 어디에서 멈추어야 할지 알고 있어요." ─ "그렇습니다. 우리는 그걸 알고 있습니다."

잠시 후 순간 멈추었다가 바라보면서, "그러나 이 현전은."

현전을 향해 가면서, 그들이 갈 수 없는 곳을 향해 가면서. 하지만 그 현전에 따라 도래할 모든 것에 관계되면서, 그에 따라 그 현전을 향해 가면서, 그 돌아섬 가운데 더 돌아서면서.

"너는 왜 내게 말한 그 현전에서 깨어나기를 원하는 거지?" ─

"아마 그렇게 깨어나서 잠들기 위해서. 더욱이 저는 스스로 그것을 원하는지 모르겠고, 당신도 마찬가지입니다. 당신도 아마 그것을 원하지 않을 것입니다." — "내가 어떻게 그것을 원할 수 있지? 내가 있는 곳에서, 내가 원할 수 있는 것은 아무것도 없어. 나는 기다려. 그것이 기다림 속에서의 나의 역할이야. 기다림을 향해 가면서." — "기다림, 기다림, 너무나도 기이한 말."

"그들은 어디에서 기다리는가? 여기 아니면 그 바깥?" — "그들이 바깥에 놓여 있는 여기." — "그렇다면 그곳은 그들이 말하고 있는 공간인가, 아니면 그들이 언급하고 있는 공간인가?" — "진실 속에 간직되어 있는 기다림의 힘은 우리를, 어디서 기다리고 있든지, 기다림의 장소로 인도한다는 거야." — "비밀 가운데, 아니면 비밀 없이?" — "모두에 대해 비밀 가운데."

"그렇다면 죽음은 빨리 찾아오는가?" — "매우 빨리. 그러나 죽어 간다는 것은 더디지."

죽어 가는 것 대신에 말하면서.

죽어 가는 순간 불사의 존재들이 되어, 왜냐하면 그들은 죽을 운명의 인간들보다 더 죽음 가까이에 있기 때문이다. 죽음 가운데 현전하기 때문이다.

"그들은 미래가 없기 때문에 죽을 수 없어." — "좋아. 그러나 그들은 현전할 수도 없어." — "그들은 현전하지 않아. 그들에게는 스스로 천천히, 영원히 사라져 가는 현전이 있을 뿐이야." — "어떠한 특정 사람의 것도 아닌 어떤 현전이." — "그들이 지워져 가는 현전이, 지워짐의 현전이." — "망각하면서, 망각되면서." — "망각에는 현전이 있을 수 없어." ── "하지만 그 현전은 기억 속으로 들어 오지도 않아."

❖ 무엇이 그로 하여금 죽어 간다는 생각을 놓아 버렸다고 믿게 했는가? 그렇다. 무엇이 그로 하여금 그렇게 믿게 하는가? 그 자신이 그 생각을 쫓아가고 있다는 감정인가? 그는 그것을 쫓아가고 있다! 이 경우라면 설사 그가 그 생각을 붙잡는다 하더라도 그는 여전히 하나의 생각을 붙잡은 것에 지나지 않는다. 그렇지만 하나의 특별한 종류의 생각을.

마치 그는 자신의 한계를 넘어 모든 것들에 대해 무심한 것 같다. 그로서는 이 무심의 중심을 찾아보아야만 한다. 죽음과 삶이라는 부적절한 단어들 속에서가 아니라, 그가 머무르고 있는 곳에서, 즉 봄과 말함 사이의 기다림 속에서.

봄, 말하기를 망각하기. 말함, 말의 밑바닥에서 고갈될 수 없는 것인 망각을 고갈시키기.

그들이 근거 없이 서로가 서로를 향해 갔던, 봄과 말함 사이의 이 빈 곳.

그는 자신에게 ── 그가 이 무심이라는 선물을 회피하는 경우를 빼고는 ── 현기증도 혼동도 힘 또는 무력無力의 감정도 가져다주지 않고, 다만 기다림의 고요 속에 머무르게 한 이 무심이라는 선물이 어디에서 오는가라고 스스로 묻는다. 그때 그는 이렇게 대답해야 하리라. 그것은, 설사 보이지 않더라도 보이는 현전과 말의 자리를 마련하는 현전 사이에서 게임이 벌어지고 있다는 사실을 그 신비하게 드러난 단순성으로부터 간파했다는 데에서 온다. 그 두 현전 사이에, 단순하지 않은 어떤 분리가, 하지만 알아챌 수도 없고 그대로 드러나지도 않는 어떤 단절이 있다. 왜냐하면 그것은 보이는 것/보이지 않는 것과 말할 수 있는것/말할 수 없는 것 사이의 간격이라고 여겨지기 때문이다. 일반적 법칙에 따라 완벽한 봉합이 붙여 놓았다는 비밀을 감추고 있는 곳에서, 비밀은 찢겨진 부분처럼 감추어진 상태에서 드러난다. 그들 둘 모두는 각자의 길을 따라 그 빈 곳의 증인이 된다. 그는 그 빈 곳이 무심과 주의의 장소라고 믿는다. 그녀가 말하지는 않지만, 그 빈 곳은 현전의 심장, 그녀로서는 그가 아마 폭력과 같은 선물로 침입해 들어가기를 원할 이 심장이다.

마치 그가 스스로 무심할 수 있는 것보다 더 무심해지는 것처럼······.

그는 이 무심 가운데 죽어 간다는 생각이 밀려왔다고 느낀다. 또한 그녀가 그녀 자신이 무심히 지나쳐 버린 것과 고통스럽게 싸우면서, 자신이 끝을 놓쳐 버린 것 같다고, 죽어야만 한다면 오직 그의 죽음으로 인해 그럴 수 있을 것이라고 그에게 암시할 때, 그러한 생각은 그에게 말과 현전 사이에서 벌어지는 무심의 게임인 것처럼 보인다.

그는 그 사실을 말하지만, 말은 무심을 드러내지 못한다.

❖ 한순간 그가 그녀에게 쾌활하게 말했다. "아, 당신은 신비하지요." 그녀는 그 말에 대해 매섭게 대답했다. "제가 왜 신비할까요? 반대로 저는 모든 신비로부터 약간 멀어져 있지요."

❖ 만일 사물이 보이는 사물과 말해지는 사물로 분리되어 있다면, 말은 그 분리를 없애는 데에, 그것을 보다 뿌리 깊은 것으로 만드는 데에, 그것이 말하도록 그대로 내버려 두는 데에, 그것 속에서 사라져 가는 데에 착수한다. 그러나 말이 작동해서 만들어 내는 그 분리는 여전히 말 속에서의 분리일 뿐이다. 아니면, 그 분리로 인해, 말이, 이미 그 분리 속에 들어가 있는 하나의 말을 통해 말하는 말이 존재하는 것이다. 또한 현전의 단순성, 현전 가운데에서의 보이는 것과 말하여지는 것의 단순성 자체인 단순성으로 인해.

현전은 다만 분리 속에 있지 않다. 현전은 분리 한가운데로 또 다시 도래하는 바로 그것이다.

"어떻게 그녀는 자신의 현전으로부터 떨어져 나올 수 있었는가", 그가 언제나 붙들고 있었던 이 물음은 이러한 대답 가운데 점점 사라져 갔다. "거기에는 신비한 아무것도 없다. 비밀, 그것은 차라리 그 떨어진 사이가 어쩌다 없어지는 지점일 것이다. 봄과 말함 사이에 한계가 정해져 있지 않은 빈 곳의 —— 그 지점은, 그곳을 보는 자와 그곳에 대해 말하는 자로부터 벗어나 있다."

신비 —— 얼마나 거친 말인가 —— 는, 보이는 사물과 말하여지는 사물이 현전의 단순성 가운데 만나는 지점일 것이다. 어떤 가벼운 요동에 따라 신비한 지점으로부터 떨어져 나오는 경우에만 붙잡을 수 있는 신비.

❖ "당신이 제가 간직하기를 원할 이 생각은 어떤 것인가요?" —— "당신은 거기 있고, 당신은 그 생각을 간직합니다. 그것이 해야만

하는 것입니다." — "마치 하나의 보물처럼?" — "마치 먼 옛날의 불처럼."

❖ "제가 당신의 많은 것에 무심한 게 사실이에요." — "제게 무심할 정도로 그렇지요." — "아, 무심하다는 것이 바로 우리의 길이에요. 하지만 우리는 그 영향력을 줄이기 위해 굳세게 싸우고 있어요." — "그래요. 우리는 싸우고 있습니다." 그는 생각해 보았다. "저는 당신에게 무심하지 않습니다. 그렇게 생각하는 것은 잘못일 것입니다. 특별히 당신에게 무심하지는 않습니다." — "당신은 무심하다는 것이 우리 관계에 해가 되지 않을 거라고 말하고 싶은 건가요?" — "그걸 말하고 싶은 것도 아닙니다. 무심하다는 것이 우리를 서로 관계 가운데 가져다 놓습니다. 마치 제가 과도하게 무심하게, 그렇게 우회해서 당신을 보고, 당신에게 말해야만 하는 것처럼 말입니다." — "당신이 무심히 지나치는 어떤 것을?" — "그것이 어떤 것인가요?" — "말하여지지 않는 것?" — "보이지도 않는 것, 그러나 그 둘 사이의 교차점에 있는 것. 그것은 일어나는 모든 것 곁에 있지만, 그것이 일어날 수는 없습니다." — "그래도 그것은 거기 있나요?" — "어떻게 말할 수 있겠습니까?"

❖ 그가 그녀를 본다면, 무심하게 보는 것이다. 기다림에 따라 던져진 시선. 모든 보이는 것과 모든 보이지 않는 것으로부터 돌아서는 것을 향해 기울어 있는 시선.

 기다림 속에서 무심을 가로질러 갈 수 있는 시간이 시선에 주어진다.

❖ "저는 당신에게 한 번도 묻지 않았습니다." ─ "하지만 당신은 물음들로 저를 사로잡아 꼼짝 못하게 했고, 저는 끝을 놓쳐 버린 것 같아요." ─ "아니, 저는 당신에게 질문하지 않았습니다." ─ "당신은 저를 말해야만 하는 것들 한가운데로 이끌었어요."

❖ 그녀가 이제 신비하지 않다는 것, 그것은 아마 하나의 수수께끼이고, 여전히 하나의 신비지만, 순간 스쳐 지나가는 것이다. 그 순간은, 그들이 오래전부터 보존해 온 자원을 버리지 않으면서 마치 말함이 언제나 봄인 것처럼 끈질기게 말하는 순간이다. 그러나 그는, 그녀가 미래의 현재 또는 과거의 현재 속에서 모든 신비를 딛고 우연히 가볍게 일어서는 사건이 서로에게 다가오는 것을, 둘 모두가 연루된 비밀처럼 받아들이지 않을 수 없다. 그 사건이 이 말의 공간의 중심에서 망각과 무심과 기다림의 기념비처럼, 그녀 자신의 (망각된, 무심히 지나친, 기다린) 현전처럼 솟아올랐던 것이다.

  그녀가 모든 신비를 딛고 일어서는 동안, 그는 그녀로부터 지워져 가는 이 신비를 통해 그녀를 보고 있다고 믿는다. 그러나 그가 보고 있는 것은 또한, 스스로 신비와 거리를 두려는 몸짓을 보여 주기를 원할 그 순간에, 신비에 빠져 들어간 그 자신이다.

❖ "우리가 말하기를 망각할 때, 저는 당신을 더 잘 볼 수 있을 것입니다." ─ "만약 제가 망각하지 않는다면, 저는 말하지도 않을 거예

요." ── "그래요. 당신은 마치 망각을 통해 말하는 것 같습니다. 말하면서, 말하기를 망각하면서." ── "말은 망각에 주어져요."

"당신이 기억하거나 망각하는 것이 아니라, 당신이 기억하면서 되돌려 보는 공간에서 망각에 충실한 것이, 또한 당신으로 하여금 망각하면서 기억하게 하는 도래하는 것에 충실한 것이 중요합니다."

❖ 그들이 망각하는 사건, 즉 망각의 사건. 그렇게, 망각되기에 보다 더 현전하는 것. 망각을 가져오면서, 그리고 망각된 자신을 넘겨주면서, 그러나 망각되지는 않은 채. 망각의, 그리고 망각 속에서의 현전. 망각에 들어가는 사건 가운데 끝없이 망각할 수 있는 힘. 망각할 가능성이 배제된 망각. 망각 없이 망각하면서/망각되면서.

망각된 현전은 언제나 광대하고 깊이가 있다. 현전 가운데에서의 망각의 깊이.

"당신 또한, 당신도 저를 망각했어요." ── "아마도. 그러나 당신을 망각하면서 저는 제 자신을 훨씬 넘어서고, 망각한 것에 저를 제 자신 너머에서 묶어 놓는 힘에, 당신을 망각하는 힘에 이르게 되었습니다. 그건 한 사람이 홀로 감당하기에는 벅찬 것입니다." ── "당신은 혼자이지 않아요." ── "그래요. 제가 망각한다면, 단지 저 혼자 망각하는 것이 아닙니다."

말해지기 이전에 망각되는 것 같은, 언제나 망각으로 향해 가는, 망각될 수 없는 말들.

"제가 했던 말을 당신이 망각했다면, 괜찮아요. 그것은 망각을 위해 말해졌던 거예요."

❖ 방에서. 그가 그녀에게 신호를 보냈던 시간으로 되돌아올 때, 그는 그렇게 되돌아오면서 그녀에게 신호를 보내고 있다고 느끼고 있다. 또한 그녀가 오고 그가 그녀를 안는다면, 그에 대해 아무런 할 말도 없고 그가 오래전부터 놀랍게도 망각했던 자유의 한순간에, 그 순간이 준 망각의 힘 덕분에(말의 필연성 덕분에) 그는 그녀의 현전이 응답하게 될 발의에 들어간 것이다.
"저는 제 자신을 기억하지 못해요." ― "그러나 당신은 옵니다." ― "제 자신으로부터 멀어지면서." ― "그렇게 멀어지면서 당신은 다가옵니다." ― "움직이지 않은 채." ― "당신은 움직임이 주는 강렬한 매혹으로 인해 평온 가운데 있습니다." ― "평온함이 없는 평온 가운데."

❖ 설사 그들이 잔다 하더라도, 그들 사이에는 결코 잠이 없다. 그는 이를 오래전부터 받아들이고 있었다.

❖ 그녀는 비스듬히 자신의 손에 의지해 다시 가볍게 일어났다. 그녀는 칸막이벽 가까이에 있었고, 두 넋 몸을 바라보면서 그 위로 일어나는 것 같았고, 그 차가움과 명료함으로 그를 놀라게 한 목소리로 이렇게 말했다. "당신에게 말하기를 원해요. 제가 언제 그럴 수 있을까요?" ― "여기서 밤을 보낼 수 있습니까?" ― "예." ― "지금부터 여기에 머무를 수 있나요?" ― "예."

그녀가 정말로 이 "예"라는 말(그 말은 너무 투명해서 그는 그녀가 하는 말과 그 말 자체까지 지나쳐 버린다)을 했는지 스스로에게 물어보면서 그가 그 말을 들을 때, 그녀는 그들 사이에 거리를 두지 않으려 주의하면서 마치 이미 해방된 것처럼 몸을 뒤로 젖힌다.

그는 아직 그치지 않은 그녀의 움직임이 주는 매혹에 이끌리면서 그녀를 이끈다. 그녀가 그가 만지는 이 여자 안에서 일어날 동안, 그는 그녀가, 부동의 형상이 미끄러져 쓰러지고 있다는 것을 알지만, 앞에서 그녀에게 길을 내고 그녀를 인도하기를 멈추지 않는다. 그녀는 그들을 뒤섞는 움직임 속에서 그에게 바싹 몸을 밀착시킨다.

마치 그녀 자신의 말이, 그녀를 삶 가운데 놔두면서 가로질러 가고, 고통스럽게 그녀를 언제나 중단되고 삶이 배제된 어떤 다른 말로 변형시키는 것처럼, 그녀는, 말한다기보다 말해지면서, 말한다.

또한 분명, 아침의 빛 ── 의심의 여지없이 그들은 방금 함께 깨어났다 ── 속에서 그녀가 충동적으로 "제가 멈추지 않고 말했나요"라고 묻는 것을 들을 때, 그는 이 단 하나의 문장에서 그녀가 밤새 했던 말을 소유하라고 권유하고 있다는 것을 의심하지 않는다.

❖ 그가 듣고 있는 한결같은 이 말, 그는 그것을 그녀가 하는 모든 말이 이른 한계에서 알아보지만, 그렇게 알아본다는 것은 이미 그것을 다른 말로 만든다는 것이며 말의 무차별성 속으로 밀어 넣는다는 것이다.

그가 듣고 있는 한결같은 이 말. 가까이에도 멀리에도 있지 않으며, 공간을 내주지도 않고, 모든 것들을 공간 속에 놓이도록 하지도 않는 말, 한결같지 않은 한결같은 말, 그 무차별성 속에서 언제나 다른 말, 모든 오는 것을 가로막고 모든 현전을 가로막으면서 결코 오지 않는 말, 그녀가 말한 것의 단순성 속에 감추어져 있지만 언제나 말해지는 말. 어떻게 그는 그 말을 그녀에게 되돌려 줄 수 있을 것인가?

 이 한결같은 말을 들으면서. 주의를 기울여, 기다림의 한계에서, 그 말의 진실에 응답하고 그 말의 진실을 간직하라는 요구가 그에게 주어진다.

❖ "그것은 와 있나요?" ─ "아니, 그것은 와 있지 않습니다."

❖ 매일 낮, 매일 밤을 점령하고 있는, 마모되어 망각된 어떤 말이 주는 것과 같은 고통.

 그가 잘 알고 있는 대로, 그녀가 한 말은, 그녀 자신이 기다림의 한계에서 끊임없이 한 말인 이 한결같은 말을 향해 나아간다. 그렇게 말하는, 금지되어 있는 이 말을 향해. 그러나 만약 그녀에게 응답하면서 그녀를 그녀 자신 바깥으로 이끌고 한없이 한결같은 웅성거림을 잠재울 수 있다면, 그 자신이 그 끊임없는 긍정이 보다 더 잘 말하고 보다 더 침묵하게 만들 수 있는 한결같음이라는 기준으로서, 그들의 말들 가운데 자리 잡게 될 것이라고 그는 특유의 참을성 속에서 생각한다.

 그녀 안의 어떤 것이 조용히, 한결같이, 한없이, 멈추지 않고 긍정한다. 그것은 조용하며, 이끈다. 그것은 끊임없이 이끈다. 그녀가 말할 때, 단어들은 조용히 긍정을 향해 미끄러지고, 또한 이끄는 이끌리는 그녀는 입을 다물고, 입을 다물지 않고 긍정을 향해 미끄러지는 것 같다. 마치 그녀는 자신을 붙잡히게 내버려 두면서 남몰래 물러서는 것 같다.

❖ "그것은 와 있나요?" — "아니, 그것은 와 있지 않습니다."

❖ 그는 거리를 두고 그들이 서로 하는 말을 듣는다. 그들의 말들은, 그들이 서로를 듣게 하기 위해, 그에게 멀어져 가는 것에 동의한다. 그들의 말들 속에 어떠한 동의도 어떠한 이의도 없으며, 다만 (이 사실이 그를 고통 속에 흔들리게 한다) 어떤 한결같은 척도에 대한 조용한 탐색이 있을 뿐이다. 언제나 구별되지만 한결같은 그들의 말들, 한결같음 속에서 말하는, 그것들 자체를 한결같게 만드는 것을 위해 말하는 말들.

그들의 말들은 서로서로 한결같이 연관되게 만드는 것을 말한다 하더라도 아직 한결같지 않다.

마치 그들의 말들은, 한결같은 말들 사이에 결국 드러나게 될 침묵의 한결같음이 증명되는 그러한 높이를 찾고 있는 것 같다.

모래의 말, 바람의 웅성거림.

❖ "그것은 와 있나요?" — "아니, 그것은 와 있지 않습니다." — "하지만 어떤 것이 오고 있어요."

❖ 희열, 어떤 호의의 말을 통해 그들 둘 모두를, 그들로부터 돌아서는 것을 향해 데려가는 이 단순한 움직임.

❖ 그들이 있었던 곳에서, 어떤 관계를 통해 여전히 서로 연결되고자 하면서. 말 없이, 움직임조차 없이, 그러나 언제나 말하면서, 언제나 움직이면서, 욕망 없이, 그러나 알아차릴 수 없게 조금씩 서로를 욕망하면서.
"이야기가 이제 어디까지 와 있나요?" — "이제 이야기에서 더 이상 별것도 남아 있어서는 안 됩니다."

❖ 그는 그녀가 여기서 움직이지 않고 남아 있다는 사실을 되돌려 본다. 그녀가 옷 몇 가지를 벗도록 돕는 동안, 그녀가 그만 말하기를 기다리지 않으면서, 또한 그녀에게 "이제 무엇을 기억하나요"라고 말하면서 그는 그녀를 이끌어 안고, 그녀의 얼굴을 훑고 지나간다. 그 사이 그녀는 조용히 눈을 뜨고 미끄러진다. 현전으로부터 돌아선 부동의 현전. 오직 그녀의 손만이, 그녀가 온순하게 그에게 내맡겼던 한 손만이 여전히 그대로 남아 있다. 마치 음식물을 찾기 위해 요동치는 어떤 작고 매끈한 것처럼 따뜻하고 분주한 손만이.
　충분히 명확하지는 않지만 분명히 한정된 공간에서 바깥으로 멀리 뻗어 나간 좁고 긴, 아마 비정상적으로 긴, 그의 앞에 놓여 있는 방, 비스듬히 벽에 나 있는 두 창, 그가 글을 쓰고 있는 탁자의 검은 공간, 그녀는 하릴없는 손을 놔둔 채 안락의자에 똑바로 앉아 있거나 저기 벽에 기대어 서 있다. 그의 곁에, 소파 위에 젊은 여자의 약간 돌아선 몸. 그 사이 그는 그녀가 한밤중에 자신에게 말했다는 사실을 되돌려 본다.

❖ "그래요. 당신은 제게 많은 말을 했습니다. 당신은 무한히 후했습니다." ─ "정말이에요? 그렇게 단언할 수 있나요?" ─ "그렇습니다. 당신이 바라는 대로 그렇다고 말할 수 있습니다." ─ "그럴 수 없어요. 생각해 보세요. 그건 어떠한 것보다 더 안 좋은 거예요. 제가 당신에게 말할 수 없도록 해보세요." ─ "그렇지만 안심하십시오. 당신은 제가 들었던 것보다 더 많은 말을 했습니다." ─ "그렇다면 제가 말했군요. 쓸데없이 말했군요. 그건 가장 안 좋은 거예요."

❖ 그가 듣고 있는 한결같은 말. 그 한결같음이 낮의 빛에 있었고 기다림의 주의 속에 있다면, 그것은 또한 죽음 속에서 지켜야 할 정도 正道 속에 있다.

"제가 말해 보았던 모든 사람들 가운데 사실 저는 그에게만 말했던 거예요. 제가 다른 사람들과 함께 말했다면, 오직 그 때문에, 또는 그와의 관계 안에서, 또는 그를 망각했기에 그랬던 거예요." ─ "그렇다면 너는 바로 나와 함께 지금 말하고 있는 거야."

이 한결같은 말, 공간 없이 공간화되는 말, 모든 긍정 아래에서 긍정하며, 부정하기 불가능하고, 막기에는 너무나 연약하고, 억누르기에는 너무나 유순한 말, 어떤 것을 말하는 것이 아니라 다만 말하는, 삶을 박탈당한 채 목소리 없이 모든 목소리보다 더 낮은 목소리로 말하는 말. 죽은 자들 사이에서 살아 있고 살아 있는 자들 사이에서 죽어 있으며, 죽음으로 부르고 죽기 위해 되살아나도록 부르는, 부름 없이 부르는 말.

이 한결같은 말, 그는 그 말의 인도를 받으면서 그 말이 한결같음이라는 척도에, 낮의 빛에, 기다림 속에서의 주의에, 죽음 속에서의 정도에 이르도록 모색한다.

기다림이 그 척도와 관계있다는 것, 그는 그것을 알고 있다. 설사 기다림의 한결같음 속에서 기다림이 언제나 초과의 기다림이라 할지라도, 기다림 속에서 기다림의 한결같음을 유지하면서.

❖ "당신의 말들이 제 말들과 같은 높이에 있을 때, 그래서 모두 한결같을 때, 그 말들 모두는 더 이상 말하지 않을 거예요." ─ "의심할 바 없이. 그러나 그 말들 사이에 침묵의 한결같음이 그대로 남아 있을 것입니다."

❖ 그 자신을 위해 낮은 목소리로, 그를 위해 보다 더 낮은 목소리로. 그가 따라가고 있는 이어지지 않는 말, 어디에서도 방황하지 않고 도처에 머무르고 있는 말. 그 말이 지나가도록 반드시 내버려 두어야 한다.

그들이 따라가고 있는 멀리 달아나 버리는 말.

그녀는 멀리 달아나고, 그에 따라 자신이 멀리 달아나고 있는 그 사람을 향해 나아간다. 반면 그는 그녀에 대해 무심한 채 그녀를 붙들면서, 먼 거리에서 그녀 곁에 머무른다. 이미 배신자처럼 돌아서서, 그러나 언제나 신의를 지키면서.

❖ "그는 저를 이끌었어요. 그는 저를 끊임없이 이끌었어요." ― "그가 어디로 당신을 이끌었습니까?" ― "제가 망각했던 이 생각 속으로." ― "그러면 당신은 그를 더 잘 기억할 수 있습니까?" ― "그럴 수 없어요. 그렇게 저는 그를 망각했어요. 그렇게 그는 저를 이끕니다. 제가 망각했던 그 사람은."

❖ 그녀가 말할 때, 단어들은 조용히 끌려가고, 이어서 그녀의 얼굴은 미끄러져 한결같은 말의 흐름 속에 파묻힌다. 그때 그녀는 자신이 누구를 따라가는지 누가 자신을 앞서 가는지 모를, 매혹의 그 똑같은 움직임 속으로 그를, 또한 그를 이끈다.

한도 없는 긍정의 매혹 가운데, 그녀를 인도하면서, 그녀를 따라가면서, 마치 그는 지금 봄과 말함 사이의 기다림 속에서 머무르고 있는 이 빈 공간으로 미끄러져 가는 것 같았다.

❖ 하나의 유일한 단어와, 끝없이 반복되는 끝이라는 단어와 같은 밤.

❖ 그가 듣고 있는 이 한결같은 말, 단일성이 없는 유일한 말, 망각을 가져오는, 망각을 감추는, 마치 다수의 중얼거림 같은 단 한 사람의 중얼거림.

모든 단어들을 되돌아서게 만들면서 이끄는 긍정.

"그것은 와 있나요?" —— "아니, 그것은 와 있지 않습니다." —— "하지만 어떤 것이 오고 있어요." —— "모든 것을 멈추게 하고 오게 하는 기다림 속에서." —— "어떤 것이 오고 있어요. 기다림 바깥에서 오고 있어요." —— "기다림이란 오고 있는 모든 것을 미래에 내맡기는, 조용한 내맡겨진 기다림입니다."

❖ 그가 선택했던 말들이 가진 진실에 따라, 그녀가 그의 죽음이라는 선물을 의미했을 하나의 끝—— 그 정도로 그는 그 끝에 책임이 있었다—— 에 다가가기를 원했을 곳에서조차, 그녀가 이야기에서 사건을 기다리고 있었다는 것, 그것이 그가 그녀를 망각과 기다림을 통해 그 끝에서 돌아서게 하도록 애쓰면서 기다림을 통해 알게 된 것이었다.

❖ 그는 그녀에게 물었다. "고통스러운가요?" —— "아니, 고통스럽지 않아요. 단지 제 뒤에 제가 겪지 않을 고통이 있을 뿐입니다." 그는 보다 더 낮은 목소리로 그녀에게 물었다. "그런데 고통스러운가요?" —— "당신이 그렇게 물을 때, 나중에, 아주 나중에 제가 고통스러울 수도 있다고 느낍니다."

❖ 그들은 움직이지 않고 현전을 도래하도록 내버려 두면서 나아갔다. —— 하지만 오지 않는 그것을. —— 하지만 이미 와 있던 적이 결코 없는 그것을. —— 하지만 모든 미래가 오고 있는 그것을. —— 하지만 모든 현재가 지워지고 있는 그것을.

"어디로 길이 지나가나요?" ─ "이 마지막 도정道程에서 훑고 지나간, 당신의 내맡긴 몸으로."

현전의 치욕. 공간과, 그리고 현전과 마주하여.

그것은 느린 움직임이다. 거기서 그녀는 스스로 말한 것 속으로 빨려 들어가서, 미끄러지면서, 스스로 말한 것 속으로 넘어지면서 말이 자신 안에서 흩어지는 데에 따라 나아가며, 그에게 바싹 몸을 밀착시켜 보조를 맞춘 발걸음으로 간다. 거기서 그는 그녀를 안아 인도하면서 탐욕스럽게 훑고 지나가고, 그녀의 말이 멈추기를 기다리지 않고 그녀를 침묵으로 되돌려 놓는다.

"저는 두려워요. 저는 두려움을 기억합니다." ─ "그건 아무것도 아닙니다. 당신의 두려움을 믿으십시오." 그리고 그들은 계속 앞으로 나아갔다.

그렇게 그는 움직이지 않는다. 그녀가 따라가고 있는 그 사람은.

그렇게 당신은 거의 말하지 않는다. 마지막으로 신호를 보내는 당신은.

"내가 네 앞에 있을 때, 그리고 내가 너를 바라보기를, 너에게 말하기를 원할 때……." ── "그는 그녀를 안고 그녀를 이끈다. 그녀를 그녀의 현전 바깥으로 이끌면서." ── "내가 다가갈 때, 움직이지 않고, 내 발걸음은 너의 발걸음과 연결된다. 조용한, 급히 내딛은 발걸음은……." ── "그녀는 그의 뒤에 기대어 몸을 젖힌다. 멈추면서, 나아가면서." ── "네가 앞으로 나아갈 때, 내게 네게로 향한 길을 터 주면서……." ── "그녀는 미끄러진다. 그가 만지는 이 여자 안에서 일어나면서." ── "우리가 방에서 오고갈 때, 그리고 우리가 한순간 바라볼 때……." ── "그녀는 자신 바깥으로 빠져나와 자신 안에 그대로 남아 있다. 왔던 것이 와 있기를 기다리면서." ── "우리가 서로로부터, 또한 우리 자신으로부터 멀어져 갈 때, 그렇게 우리는 다가간다. 하지만 우리 자신 멀리에서……." ── "그것이 기다림 속에서의 영속적인 왕복운동, 즉 기다림 속에서의 멈춤이다." ── "우리가 기억할 때, 그리고 우리가 망각할 때, 연결되어서, 즉 분리되어서……." ── "그것이 모든 움직이는 것보다 더 유동적인, 기다림의 부동성이다." ── "하지만 네가 '와'라고 말할 때, 그리고 내가 이 매혹의 장소로 올 때……." ── "그녀는 넘어진다. 조용히 눈을 뜨고 바깥에 자신을 내어 주면서." ── "네가 돌아와 내게 신호를 보낼 때……." ── "그녀는 모든 보이는 것과 모든 보이지 않는 것으로부터 돌아선다." ── "몸을 젖히면서, 그리고 자신을 드러내면서." ── "그렇게 조용히 돌아서면서 대면하여." ── "그녀가 있는 여기도 아니고, 그가 있는 여기도 아니며, 그들 사이에서." ── "불변의 의연한 기운이 있는 이 장소에서처럼, 그들 사이에서 모든 것들은 그 잠재적 상태 그대로 남아 있다."

옮긴이 해제
언어의 현전

음악적 추상화

『기다림 망각』은 모리스 블랑쇼Maurice Blanchot가 허구fiction의 형식으로 쓴 마지막 작품이다. 물론 단행본으로 출간되었던 그의 마지막 작품 『나의 죽음의 순간』L'Instant de ma mort 역시 허구라고 여겨질 수 있지만, 블랑쇼는 거기서 "자신이 총살당할 뻔 했었던" 실제 경험(그것을 자크 데리다Jacques Derrida는 블랑쇼의 장례식 추도문 「영원한 증인」Un Témoin de toujours에서 부각시켰다)을 이야기의 중심에 갖다놓으면서 허구와 사실이 중첩되는 지점을 탐색하겠다고 표명하고 있는 것처럼 보인다. 『기다림 망각』 이후에도 모리스 블랑쇼는 몇몇 저작에서, 특히 『무한한 대화』L'Entretien infini에서 허구의 인물들을 등장시켜 그들이 나눈 대화들을 그대로 적어 넣는 형식을 여러 번 도입했지만, 그것이 한 작품 전체를 이끌어 가는 중심으로 작동하지는 않았고, 철학적 성찰이 언제나 글쓰기를 주도했다. 물론 『기다림 망각』에서도 철학적 성찰이 작품을 구성하는 중요한 한

축임에는 틀림없지만, ──『나의 죽음의 순간』에서와는 달리── 블랑쇼 자신이 명시적으로 설정한 허구의 시공간과 허구의 두 남녀의 대화와 허구의 이야기를 중심으로 작품이 진행되고 있다.

아마 이 책을 펼쳐 보는 독자들은 매우 낯선 글쓰기를 목도하게 될 것이다. 이 책은 분명 하나의 허구적 이야기이지만 곳곳에 어떤 자의 사유의 궤적이 그려져 있다. 이 책이 하나의 이야기라고 동의할지라도 우리는 막상 단정적으로 분류하기 힘든 종류의 작품과 마주하게 된다. 그러나 허구와 철학적 단상들의 결합으로 이루어진 문학작품은 『기다림 망각』만이 아니며 사실 수없이 많다. 우리가 이 책을 따라가면서 낯설다고 느끼지 않을 수 없는 정확한 이유는, 단순히 거기에 문학적 허구와 철학적 사유가 중첩되어 있기 때문이 아니다. 거기에서 어떤 극단적인 추상화가 이루어지고 있기 때문이다.

문제는 하나의 문학작품의, 나아가 글쓰기라는 예술의 추상화이다. 그러나 그것은 어떠한 추상화인가? 그것은 『기다림 망각』이 허구적 형식 위에서 쓰여졌다고 하더라도 궁극적으로 어떤 철학적 명제들과 메시지들을 제시하는 데에서 마감된다는 것을 의미하지 않는다. 이 작품을 이끌어 가고 있는 추상화는 철학책에서 볼 수 있는, 나아가 철학책이 의존하고 있는 개념적 추상화가 아니다. 설사 거기에서 저자가 '현전', '시간', '공간', '존재', '죽음'과 같은 철학적 개념들(즉 등장인물이나 그들의 말들과 행동들이나 상황들·사건들을 단번에 일반화·보편화시킬 수 있는 단어들)을 자주 그대로 노출시키고 있다고 하더라도 그렇다. 반대로 우리는 이 작품이 개념적 정식에 들어앉혀지기에 저항하고 있으며, 주어진 철학적 개념들로부터 결국 우회해서 다른 곳을 향해 나아간다는 사실을 발견하게 될 것이다——다른 어떠한 곳인가?

『기다림 망각』에서 우리가 쉽게 읽고 확인할 수 있는 추상화는 인물들·상황들·사건들의 추상화이다. 거기에서 등장하는 두 인물, 그와 그녀에 대해 거의 아무것도 밝혀져 있지 않다. 이 책을 읽으면서 우리는 이 두 사람에 대해, 이름이 무엇인지,——모두 젊은 사람들인 것 같지만——나이가 어느 정도 되었는지,——그녀는 "키가 큰 처녀였다"(56)*라는 묘사가 있기는 하지만——외모는 어떠한지, 성격은 어떠한지, 어떠한 직업을 갖고 있는지(그의 경우, 아마 글 쓰는 일을 하고 있는 것처럼 보이지만 확신할 수 없다) 거의 알 수 없다. 또한 이 책에 그들이 어느 도시에, 어느 시대에 살고 있는지, 어떠한 이유로 호텔에 묵게 되었는지, 만나기 전에는 어떠한 삶들을 살았는지, 만난 후에는 어떻게 되었는지, 상황들과 사건들에 대한 묘사가 자세하게 주어져 있지 않다. 우리는 벌어진 사건들에 대해서는 너무나 간단하게 설명할 수 있을 것이다. 한 호텔에 어떤 남자가 흘러들어 왔고, 먼저 거기에 묵고 있었던 한 여자에게 신호를 보냈으며, 그녀는 그의 방에 들어왔고 함께 있었다는 것이다(그가 그녀에게 신호를 보냈고, 그녀가 그의 방에 들어와서 함께 있었다는 사실은 한 번은 과거형으로, 또 한 번은 현재형으로, 그리고 서로 다른 관점들에 따라 여러 번 다르게 묘사된다).

---

* 이후로 블랑쇼의 『기다림 망각』을 인용할 경우 이 책의 쪽수만 괄호 안에 기입한다.

이 책은 단순히 새로운 형식이 도입된 하나의 문학작품인가? 이 책에서 궁극적으로 주목해야 하는 것은 하나의 형식 실험, 즉 추상화된 이야기에 추상적이고 철학적인 성찰들을 겹쳐 놓는 기법인가? 그러나 현대 소설에서 그러한 추상기법은 적지 않게 쓰여 왔으며, 나아가 소설의 한 흐름을 형성하고 있다는 사실을 되돌려 본다면, 추상화라는 형식적 측면을 강조함으로써만 『기다림 망각』이 갖고 있는 특성과 궁극적으로 나아가고 있는 지점을 밝힐 수는 없을 것이다. 나아가 문학에서 새로운 형식 실험 그 자체는 결정적으로 중요한 문제가 아닐 수 있다. 하나의 문학작품을 기존의 다른 작품들과 눈에 띄게 차별화시키는 새로운 형식 그 자체는 최우선의 문제가 아닐 수 있다. 블랑쇼는 호르헤 루이스 보르헤스Jorge Luis Borges의 현대 소설에 대한 견해(현대 소설에 대해서조차 타당한 견해)에 동의하면서, 또한 헨리 제임스Henry James의 단언에 의거해서 "주제가 전부다"*라고 분명히 말한 적이 있다. 블랑쇼에게도 어떻게 말하는가라는 문제보다 무엇을 말하는가라는 문제가 더 중요했던 것이다.

  『기다림 망각』은 새로운 형식을 선보이기 위해 쓰여진 작품이 아니다. 거기서 우리는 마지막에 어떤 주제를, 어떤 내용을, 어떤 말하여지고 전달되는 경험 자체를 읽어야 한다. 그렇다면 이 작품은 무엇을 말하는가? 그것은 그 줄거리만큼이나 간단하고 단순할 것인데, 바로 그 또는 그녀가 있다는 사실 자체, 또는 어떤 자가 있다는

---

* 모리스 블랑쇼, 『도래할 책』, 심세광 옮김, 그린비, 2011, 243쪽.

사실 자체이다. 그 사실을 모르는 사람은 없을 것이고, 그만큼 그 사실은 너무나 자명하다. 그러나 아마 그 사실만큼 우리가 간과하고 있는 것도 없을 것이다. 그 사실을 '안다' 또는 '이해한다' 라는 것과 그 사실에 전제되어 있는——어떤 자가—— '있다' 라는 사건으로 열린다는 것 사이의 차이는 무한에 이를 수 있다.

　물론 블랑쇼의 글쓰기가 우리를 어떤 자에게 실제로 열리는 행위의 실천으로 직접 유도한다고 말할 수 없다. 그것은 한 작가나 사상가가 할 수 있는 일이 아니며 그의 힘 바깥에 놓여 있는 문제이다. 그러나 『기다림 망각』은 어떤 행위로 이루어진, 나아가 하나의 행위인 작품이며, 오직 독자의 또 다른 하나의 행위로 완성되는 작품이다.

　이 작품에서 저자는 궁극적으로는 어떠한 명제도 제시하지 않으며, 아무것도 주장하지 않고 가르치지 않는다. 동시에 그는 거기에서 인물들·상황들·사건들과 관련해 구체적으로——구상적具象的으로——거의 아무것도 밝혀 놓지 않는 추상화 작업을 시도한다. 다시 말해 그는 소설가에게 정당하게 부여된, '소설 속의 허구의 공간'을 나름대로 구체적으로 구축할 권리를 포기하면서, 또한 어떠한 철학적·도덕적 메시지나 교훈도 주기를 포기한다. 그는 작품을 통해 저자가 독자에 대해 가질 수도 있을 우월하거나 주도적인 모든 위치에서 스스로 내려왔던 것이다. 『기다림 망각』이 하나의 행위로 이루어진 작품이라면, 그것은 바로 저자 스스로 행한 사라짐의 행위이다.

　따라서 이 책이 하나의 문학으로서 설정한 허구의 공간은 사실 그 자체의 안이 아니라, 바깥에, 즉 독자가 단어들을 따라가는 데에 따라 형성된 독자 내부에 놓이게 된다. 그 허구의 공간을, '책 바깥의 허구의 공간'을 본래대로——문학작품이라는 것이 원래 요구하는 대로——제대로 설정해 놓기 위해,* 저자는 추상화로 나아갈 수밖에 없었던 것이다. 그러기 위해, 저자는 그와 그녀를 아무나 될 수 있는 익명의 인물들로 제시하고, 그들이 머무르고 있는 호텔을 아무나 드나들 수 있는 익명의 호텔로 설정해 놓았던 것이다. 다시 말해 저자는, 독자가 책에 쓰여져 있는 단어들로부터 눈을 돌려서 자신 안에서 다시 쓰여져 가는, 그려져 가는 어떤 흔적(어떤 스크래치 또는 어떤 떨림)을 '읽을 수' 있도록, 문학의 공간을 책 바깥으로 이동시켜 놓았던 것이다.

따라서 독자에게도 저자의 사라짐의 행위에 응답하는 또 다른 하나의 행위가, 저자가 썼지만 자신(독자 자신) 안에서 흩어져 가는 단어들이 남긴 흔적을 읽는——보이고 읽히는 단어들이 아니라 그것들이 남긴 보이지 않고 읽히지 않는 그것을 읽는——행위가, 즉 단어들이 사라져 가면서 남긴 음악을 듣는 행위가 요구된다. 독서의 과정 가운데 단어들은 지워져 가면서 완전한 백지 상태로 돌아갈 수 없으며 음악으로 울린다. 단어들을 따라가면서 읽던 독자의 눈은 내면(즉 단어들의 바깥, 언어의 바깥)의 음악을 듣는 귀에 자리를

---

* 본래 '문학의 공간espace littéraire'은 책 자체가 아니라 작가와 독자 사이에, 정확하게는 작가의 글쓰기와 독자의 독서 사이에 놓여 있다. 그것은 손가락으로 가리킬 수 있는 책이나 책 어딘가에 있지 않다. 그것은 보이지 않는 공간, 즉 글쓰기라는 행위와 독서라는 행위가 만나서 열리는 공간이다.

양보해야만 한다.『기다림 망각』의 형식은 어떠한 형태로든 눈에 보이게 드러나는 특이한 것이 아니며, 미리 정해져서 작품이 말하고자 하는 바(주제)를 담아 놓은 틀이 아니다. 그 형식은 어떤 경험을 포착하기 위해서, 또한——특이하고 새로운 문학의 형태를 단순히 전시해 놓기 위해서가 아니라——어떤 경험을 전하기 위해서 저자가 낚아챘던 단어들 하나하나가 결합되어 나중에 형성된다. 그것도 결코 책 안이 아니라 책 바깥의 독자 안에서. 따라서 그 형식은 눈으로 확인할 수 있는 드러난 어떠한 것도 아니며 보이는 것의 보이지 않는 것으로의, 단어들의 음악으로의 전환이다.『기다림 망각』은 철학적이거나 윤리적인 개념들로 설명되거나 요약되기를 거부하며 (이는 이 책이 결코 그렇게 설명되고 요약될 수 없다는 것을 의미하지 않는다), 오히려 모든 개념들로부터 우회해서 음악을 향해 나아간다. 이 작품을 지배하고 있는 추상화는 개념적 추상화가 아니며, 반대로, 확인되는 소설적 추상화(인물들·상황들·사건들의 추상화)가 심화되어 이르게 된 음악적 추상화이다.

망각 기다림: 책의 안과 바깥

그 음악적 추상화가『기다림 망각』에서 어떻게 전개되고 이 작품을 어디로 이끌고 가는지 밝혀야 할 것이며, 거기에 핵심적인 문제가 있다. 그러나 그 이전에 이 책의 제목에 주어져 있지만 아마 여전히 모호하게 남아 있을 수 있는 두 표현 '기다림'과 '망각'에 대해 살펴볼 필요가 있다. '망각'과 '기다림'에 대한 조명이 우리의 그 궁극적

물음이 위치하고 있는 맥락과 방향을 드러내 줄 수 있을 것이다.

・・・

망각은 일상적으로, 또는 사전에 나타난 대로 어떤 것을 잊어버림이나 어떤 것이 잊혀져 감을 의미하지만, 이 책에서 망각은 그러한 의미를 넘어선다. 또한 그것은 두 남녀의 사랑 이야기라고 정당하게 읽을 수 있는 이 책에서 단지 그들의 관계가 이어지고 한계에 이르는 과정을 표현하기 위해서만 선택된 단어도 아니다. 블랑쇼가 말하는 망각은 무엇보다 존재의 경험 그 자체를 가리킨다. "존재는 또한 망각을 가리키는 하나의 이름이다"(61). 즉 망각은 언어에 개입하기 이전에, 또는 언어에 개입하는 동시에 보이는 것(특히 끊임없는 탐색의 주제로 나타나는 **그녀의 현전, 부동不動의 현전**)과 그것을 보고 있는 자 사이의 관계의 사건을 나타낸다. "망각은 망각되는 것과의 관계, 관계에 들어가 있는 것을 비밀로 만들면서 비밀의 힘과 의의를 간직하고 있는 관계이다"(76).

보이는 것이 보는 우리와의 관계 가운데 있다는 사실을 어떻게 감지할 수 있는가? 만약 보이는 것이 단지 보이는 것으로만 남는다면, 그래서 우리 내면과 거리가 사라진 상태에서 ─ 또는 공간적 거리로 측정할 수 없는 상태에서 ─ 접촉되는 것으로 전환되지 않는다면, 그것은 거리 가운데에서 영원히 "명석 판명"한 인식의 대상으로만 남게 될 것이다.* 그러나 보이는 것은 보이지 않는 것과 함께 경험에 기입된다. 그것은 보이지 않는 것으로 전환된다. 즉 그것은, 우리가 그것을 바라보고 있을 때조차 사라져 간다. 그것이 실제로 우리 눈앞에서 증발하여 공백의 무로 돌아간다는 것이 아니고, 정서의 차원에서 보이지 않는 것으로 변형되어 내면화된다는 것이다. 그러나 그 내면화는 인식의 모든 능동적 작용 이전의 정념의 수동적 움직임(받아들임, 보다 정확히 말해 열려 있지 않을 수 없음)이며, 오히려 모든 인식의 조건 또는 근거인 의식 바깥으로의 열림이다. 그 내면화가—따라서 보이지 않는 것이—바로 보이는 것이 단순히 인식의 대상이 아니라 보는 자와 관계하고 있다는 사실을 증명한다. 보이는 것과 보는 자의 관계를 다시 설정할 필요가 있다. 만약 데카르트가 그랬듯이, 보는 자를 인식 주체로, 보이는 것을 인식 대상으로 설정하고 양자의 관계를 오직 전자가 후자에게 가하는 능동적 인식 작용(표상화·관념화·이해)을 기준으로만 파악한다면, 보이는 것은 다만 의식에 규정된 것으로 남아 종속되고 사실상 관계는 파괴된다.

 그러나 보이는 것이 보는 자를 수동적인 존재로 머무를 수밖에 없게 만들면서 그의 안에서 보이지 않는 것으로 기입되는 사건이 있다. 보이는 것이 스스로 보여지기를 그치고 우리 안에서 흔적으로 스며들어 보이지 않는 원음악源音樂으로 울리는 사건이 있다. 그 사건이 보이는 것이 단순히 우리에게 종속된 의식의 대상이 아니라는

---

* 데카르트는 잘 알려진 "명석 판명한 인식"을 눈이 대상들을 보는 행위 위에 정초해 놓았다. René Descartes, *Les Principes de la philosophie*, Œuvres et lettres, Gallimard, 1953, p. 591.

사실을 증명하는 관계의 사건 또는 존재의 사건이다. 보이는 것은 어떠한 상처(스크래치)도 남기지 않고 우리 눈에 고정되어 있기를 거부하면서 터졌다가 흩어져 가는 불꽃처럼 우리 안에서 사라져 간다. 따라서 공간은 단순히 보이는 공간이 아니며, 마찬가지로 내면의 사유(블랑쇼에게 사유pensée는 다만 인식을 위한 작용만이 아니며 관계를 위한 움직임이다)의 공간이다. "사유가 기다림 속에 현전하는 고요히 자리 잡은 공간이 되어 버렸던 기다림"(53). 또한 그녀의 현전은 보이는 것이자 보이지 않는 것이다. 보이는 그녀의 현전은 흩어져 사라져 가면서 보이지 않는 것으로 남을 수밖에 없음에도 불구하고 그에게 인식의 확실성과는 다른, 부인할 수 없는 명백성을 가져다준다. "보이는, 하지만 바로 그 가시성 때문에 보이지 않는. 보이지도 않고 보이지 않지도 않는, 언제나 빛보다 앞서 나아가는 어떤 빛에 따라 그에게 보일 권리를 주장하는. 아마 그것은 실제의 빛이 아니었겠지만 단지 그들의 비밀로부터 나와서 그들도 모르게 비추인, 그들이 공동으로 나누어 갖고 있는 광명이었다"(64).

그녀의 "부동의 현전"은 보이기 때문에 보이지 않는다. 그러나 그것은 진공의 무가 결코 아니며, 부정할 수 없게 그를 가로질러 가는, 오직 들을 수밖에 없는 '말parole'로 나타난다. 따라서 그녀는 그들의 관계가 온전하게 남아 있도록 하기 위해 그를 무한한 기다림 속에 놔두고, 그에게 "저는 당신에게 말하라고 요구하지 않아요. 들으세요. 다만 들으세요"(17)라고 요구할 수밖에 없다. 어떤 현전은 시선으로부터 끊임없이 벗어나 다만 들을 수밖에 없는, 사실은 보이지 않을뿐더러 귀에 들리지도 않는 '말-음악'으로 남게 되는 것이다.

망각은 백지를 회수하는 것이 아니라 어떤 음악을 듣는 것이다.

그러나 그들에게 그 음악을 듣는다는 것은 결코 단순히 감미로운 행위가 아니다. 왜냐하면 망각이 "그들이 근거 없이 서로가 서로를 향해 갔던, 봄과 말함 사이의 이 빈 곳"(120)에 놓여 있기 때문이다. 봄과 말함이 우리 인간이 자신을 지탱하기 위해 언제나 끊임없이 되찾기를 원할 두 가지 능동적 행위라면, 양자의 간극 사이에 놓여 있는 망각은 우리의 지반을 박탈당하는 경험과 다르지 않다. 분명 우리는——아마 참을성 없이——뭔가 보기를 원하고 뭔가 말하기를 원할 것이다. 그러면서 너무나 많은 경우, 우리가 결국 원하는 것은, 봄과 말함이라는 인간의 이 두 자발적 행위를 통해 마주한 어떤 것을 대상 또는 자기 것으로 만들어 그것을 딛고 자아를 확인하는 것이다. 따라서 망각은 고통스러운 것이다. 그것이 대상을 정립할 수 있게 하는 모든 능동성을 포기하는 것과 다르지 않으며, 다만 듣는 수동적인 행위, "어떠한 수동성보다도 더 수동적인"(에마뉘엘 레비나스Emmanuel Levinas의 표현), 또는 행위 아닌 행위이기 때문이다. 따라서 한없이 망각 속으로 들어가기를 요구받은 그들은 언제나 보이는 것으로부터 돌아설 수밖에 없고 말하여진 것을 다시 지울 수밖에 없다. 망각 속에서의 돌아섬(우회), 붙잡은 것을 망각 속에서 거듭 포기하는 것, 그것이 기다림이다. 기다림은 망각을 견뎌 내려는 움직임이고, 기다림을 다시 견뎌 내려는 움직임이며, 언제나 무한의 복수로 주어지는 기다림, 언제나 기다림의 기다림이다. 그것은 봄을 통해 포착된 대상이 말할 수 있는 것으로 결코 온전히 보존되지 않는다는 사실에 대한 자각, 즉 봄과 말함 사이에 언제나 건널 수 없는 간극이, 나아가 심연이 있다는 사실에 대한 자각이다. 그들은 봄을 통해 전유한 대상과 말하여진 것 사이에서 언제나 부족과 결핍과 불충분성을 확인하며, 이는 그들을 끝없는 기다림으로, 침묵의 기다림으로, 침묵만이 군림하는 기다림으로 내몬다. 끊임없는 기다림이 그들에게 관계(관계없는 관계) 또는 '사이'가 놓여지고, 그들에게서 아마 '사랑'이라 부를 수 있는 어떤 것이 힘겹게 이어지는 과정이다.

"만일 사물이 보이는 사물과 말해지는 사물로 분리되어 있다면, 말은 그 분리를 없애는 데에, 그것을 보다 뿌리 깊은 것으로 만드는 데에, 그것이 말하도록 그대로 내버려 두는 데에, 그것 속에서 사라져 가는 데에 착수한다"(122). 그는 보이는 것과 말하여지는 것 또는 말해야만 하는 것 사이에 놓여 있다. 그리고 그는 바로 그 사이에서 '기다리고' 있다. 보이는 것이 말하여진 것으로 전환되는 과정은 시간이 진행되는 과정이다. 즉 그것은 보이면서 생생하게 감각되는 살아 있는 것이 언어에 규정되어 붙들려서 관념화된 죽은 것으로, 시간에 실려 기억으로만 남는 것으로 변형되는 과정이다(헤겔Hegel과 알렉상드르 코제브Alexandre Kojève가 말하는 "언어는 살해한다"라는 중요한 통찰). 그에게 견딜 수 없는 사실은, 보이는 것과 말하여진 것의 분리를 가져오는 말 자체를 써서 말함으로써 그 분리를 제거하기가 거의 불가능하다는 데에, 즉 그녀를 기억에 넘겨 주게 되는 데에, 그녀를 죽음에 다가가게 하는 데에 있다. 따라서 그에게 남겨진 해야만 하는 일은 말함으로써, 언어를 사용함으로써 시간의 흐름에 자신과 그녀를 실려 가도록 내버려 두지 않고 오히려 시간을 붙드는, 붙잡을 수 없는 것을 붙드는 불가능한 과제일 수밖에 없다.

그러나 흘러가 사라지는 시간을 포착한다는 것의 불가능성과 마주해 그에게는 시간에 들어가 시간을 견디는——시간과 타협하는, 보다 정확히, 시간의 폭력을 감수하는 방법인——기다림밖에 남아 있지 않다. 그의 유일한 선택은, 아니 선택이라기보다는 자신 앞에 다만 놓여 있는 것은 한없이 기다리는 기다림의 기다림 이외에 아무것도 없다. 기다림은 시간을 기다리는 것이다. "기다릴 때, 기다릴 아무것도 없다"(50). 그는 어떤 '것'을 기다리지 않으며, 어떠한 '것'도 기다리지 않고, 오직 기다릴 수 없는 것, 기다리기 불가능한 것만을 기다린다. "기다린다는 것의 불가능성은 본질적으로 기다림에 속한다"(46). 기다림은 어떤 '것'이나 어떤 '사람'에게 가해지는 능동적 작용이 결코 아니고, 어떠한 것도, 어떠한 사람도 붙잡지 못하고 어디에도 의존하지 못한 채 사실은 시간의 흐름에 자신을 맡기는, 마치 죽음으로 향해 가는 순간들에 떠밀리는 것 같은 극단의 수동적인 움직임이다(50).

그러나 기다림은 오직 그(또는 그녀)의 몫인가? 보이는 것 또는 본 것, 결국 경험한 것을 말로 드러내야 하는 고통은, 즉 기다림의 고통은 원칙적으로 우리 모두의 것이자 특별히 글 쓰는 자의 것이 아닌가? 그 고통이 있다면, 그 속에서 아무 말이나, 그저 적당한 말이나 해서 실족하지 않아야 한다는 것과, 동물 아닌 인간이 자신을 인간으로 입증한다는 것이, 또한 작가가 자신의 진정성을 입증한다는 것이 별개의 문제일 수 있는가? 글 쓰는 자의 진정성은 보이는 것과 말하여지는 것 사이의 분리를 자의적이고 무책임하게 무시하면서 사회가 요구하는 기준이나 가치나 도덕을 맹목적으로——아니 맹목적이라기보다는 사회적 권력 내에 있기 위해——옹호하는 데에 있지 않으며, 바로 보이는 것 또는 경험한 것을 언어로 충실하게 옮기는 불가능한 작업을 수행하는 데에 있다. 설사 사드Sade와 같이 사회가 요구하는 모든 것을 거부하고 파괴하는 일을 자신의 사명이라고 생각했던 작가도 글 쓰는 자의 그 진정성을, 나아가 문학의 진정성 자체를 무시할 수는 없었고 그것을 나름대로의 방법으로 지켜나갔다.*

『기다림 망각』에서 "그는 자신이 오직 기다린다는 것의 불가능성에 응답하기 위해서만 글을 써 왔다는 사실을 알게 되었다. 따라서 말하여진 것은 기다림과 관계가 있었다"(46)라는 문장을 읽을 때, 이 책의 등장인물인 허구의 그와 이 책의 저자는 겹쳐져서 나타난다. 이 책의 주인공 그와 마찬가지로 이 책의 저자는 언어로 인해 벌어진 보이는 것과 말하여진 것 사이의 무한한 틈을 언어로 메워야 하는 불가능한 과제와 마주하고 있다. 그것은 오직 불가능하기 때문에 과제가 될 수밖에 없는 문학의 불가능한 과제이다. 또는 문학의 불가능성이라는 과제, 또한 언어의 불가능성과 다르지 않다는 점에서 철학의 불가능성과도 다르지 않은 과제, 오직 언어 때문에 생겨난 불구를 언어로 치료해야 하는 과제, 언어로 인해 입 벌리고 있는 심연을 언어로 건너야 하는 기이한 과제. 여기서 어쩔 수 없이

---

* 「동물의 목소리—바타유에서 사드로」, 『빈 중심: 예술과 타자에 대하여』, 그린비, 2008.

"글쓰기라는 이 미친 짓ce jeu insensé d'écrire"이라는 말라르메 Mallarmé의 고백이 들려온다.

그녀의 현전, 언어의 현전

따라서 그는 그녀를, 그녀가 한 말을 기억하지 말고 침묵 속에서 망각해야만 한다.

> 마치 말의 우회와 망각의 우회 사이에 어떤 관계가 있는 것처럼, 망각이 그렇게 말에 달려 있을 수 있고 말이 망각을 받아들일 수 있다는 사실은 기이했다.
> 망각이 이끄는 방향에 따라 글을 쓰면서.
> 말하고 있는 각각의 말 속에서 망각이 미리 말한다는 사실은, 각 단어가 망각되도록 예정되어 있다는 것뿐만 아니라, 망각이 말 속에서 휴식을 취하고 말을 스스로를 감추는 것과 조화를 이루도록 붙든다는 것을 의미한다.
> 모든 진정한 말은 망각에게 휴식을 허락하며, 그 휴식 가운데 망각은 모든 진정한 말이 망각에 이르기까지 말하도록 내버려 둔다.
> 망각이 모든 말 가운데 놓여 있기를(77).

앞에서 본 대로 『기다림 망각』에서 망각은 보이는 것이 보이지 않는 것으로 전환되는 존재의 사건을 가리킨다. 우리는 보이는 것을 경험할 뿐만 아니라 보이는 것이 남긴 보이지 않는 것을 경험(망각의 경험)하며, 그 보이지 않는 것에 대한 경험은 보이는 것이 단순히 대상이 아니라는 사실을 입증하는 '관계의 사건'의 경험이다. 그러나 존재와 결부되는 망각은 또한 언어에 개입한다. 언어는 사라진다. 언어는 말해지면서 쓰여지면서 기억에 남을 과거의 관념(표상·재현)으로 변형되어 사라진다. 그러나 언어는 말해지거나 쓰여지기 이전의 백지 상태로 되돌아갈 수 없으며, 스스로 사라져 가는 떨림의 자취를, 울림의 흔적을 남긴다.* 언어는 살해한다. 즉 언어는 우리가 본 것을 몇몇 기호들로 전환시키면서 그것을 과거의 것으로 방부해 버린다. 그러나 그 과정은 단순한 무화無化가 아니며, 말하고 들으며 쓰고 읽는 인간이 얽혀 들어가 있는 시간의 전개 과정, 시간이 군림하는 과정이다. 언어는 결코 매끈하게 지워지지 않으며, 지워지면서 울리고, 그 울림의 흔적을 남기고 전달한다. 즉 언어는 본 것을 사라지게 하는 동시에, 그 사라짐의 순간이 도래하는 순간을 현전하게 한다(공간 내의 사물에 대한 모방이 아닌 시간의 모방, 음악적 초−모방hyper-mimesis). 그 시간의 현전을, 즉 보이고 경험되는 모든 것을 과거로 돌아가게 만드는 언어의 현전을 목도하는 것, 모든 것을 죽여 지나간 과거의 것으로 고정시키는 언어 안에서 언어의 현재를 포착하는 것, 그것이 망각에 이르는 과정이다. "망각이 이끄

---

* 언어의 움직임으로서의 망각. 망각은 존재와 결부될뿐더러 또한 언어의 동사성이다. 망각은 "각각의 말 속에" "미리 말"하면서 언어를 떠받치고 있고, "모든 진정한 말이" "말하도록 내버려" 두면서 그 자체 언어가 수렴되고 있는 흔적으로 나타난다. 존재에 스며드는 망각과 언어와 관계하는 망각은 서로 별개의 것들이 아니지만 전자는 후자에 앞선다. 존재의 경험이 모든 언어작용보다 존재론적으로 앞서기 때문이다.

는 방향에 따라 글을 쓰면서." 그러나 망각에 이끌려 글을 써야 하는 자는 단지 그녀의 현전과 대면하고 있는 그만이 아니라, 또한 아마도 어떤 자(어떤 여자 또는 독자 또는 인간 자체?)와 마주하고 있는 블랑쇼일 것이다.

보이는 것과 말하여진 것 사이에, 봄과 말함 사이에, 본 것과 기호들 사이에 진공의 무無가 있는 것이 아니라, 시간이, 직선 위에서 움직이는 시간이 아니라 시간의 응축과 현전이, 즉 음악이 있다. 그 사이의 분리를 가져오는 언어는 다만 기억 속에 굳어진 죽음만을 초래하지 않으며, 그 분리 가운데에서 그 분리를 전능의 영원이 되지 못하게 만드는 순간의 현전을 가동시킨다. "현전은 다만 분리 속에 있지 않다. 현전은 분리 한가운데로 또다시 도래하는 바로 그것이다"(122).

그는 그녀의 현전과 마주하고 있다. 그녀의 현전은 그로 하여금 봄으로부터 말함으로 쉽게 건너가지 못하게, 침묵하게 만드는 장벽인 동시에 말하게, 말하지 않을 수 없게 만드는 동력이다. 또한 그것은 그가 침묵하거나 말하거나 두 경우에 모두 그가 마주해 있을 수 있는 유일한 시간, 유일한 현재, 바로 '지금'이다.

그러나 그 현전이 어떻게 『기다림 망각』이라는 책에 박혀 있는 문자들 위로 솟아날 수 있는가? 그것이 어떻게 오직 과거로 향해 있는 죽은 관념들만을 가리키는 문자들 위에서 현재화(현시現示)될 수 있는가? 과연 이 책의 저자는 언제 어디에선가 존재했을 수도 있고 아닐 수도 있는——즉 현실의 모델이 있을 수도 있고 아닐 수도 있는——허구의 한 여자에 대해, 그녀의 아름다움과 진실했을 사랑에 대해 단순히 모방imitatio하고 재-현re-présentation해서 독자들에게 설명하고자 하는가? 이 책의 저자뿐만 아니라 어떠한 작가의 작품도 설득력을 갖기 위해서는 창조된 상상의 공간(책 속의 가정된 허구의 공간) 바깥으로 나아가야만 하며, 작가 개인이 만들어 낸 그 상상의 공간을 독자들의 익명의 공간으로, 어떠한 개인에게도 귀속될 수 없는 저자의 영역과 독자의 영역이 겹치는 공동의 공간으로, 즉 글쓰기라는 사건과 독서라는 사건이 부딪히는 역동적 공간으로 옮겨 놓아야 한다――블랑쇼는 바로 그 공간의 이동을 가능한 최대한 용이하게 만들어 놓기 위해 우리가 '음악적 추상화'라고 부르는 극단적 추상화를 『기다림 망각』에서 시도했던 것이다. 어떠한 문학작품도 그러한 공간의 이동이 제대로 이루어지지 않는다면, 다시 말해 책에 주어진 상상의 공간이 독서를 통해 독자의 내면에 자리 잡지 못한다면, 독자가 그 상상의 공간을 스스로 개입하는 공동의 공간으로 전이시키지 못한다면 호소력을 가질 수 없다. 이 책에 나타나는 '그녀'는 저자의 그녀도 아니고 독자의 그녀도 아니며, 나아가 어느 누구의 그녀도 아니고 익명의 그녀, 공공의 여자public woman이다. 그렇게 될 때에야만 '그녀'가 단순히 모방되고 재-현된――관념화된――한 과거의 여자로 남지 않고 독서의 현재('지금')에 현전한다. 그녀는 오직 독자의 개입과 도움에 힘입어서 현전하는, 저자와 독자의 공동구성co-constitution을 통해서만 현시되는 어떤 자이다.

따라서 이 책의 저자는 글쓰기의 불가능성과 마주하고 있을 수밖에 없다. 그는, 또한 그의 작품은 스스로 어쩔 수 없고 타인(들)에게 내맡겨 놓을 수밖에 없는 타자의 영역에 놓여 있는 것이다. 『기다림 망각』 안에서 그 글쓰기의 불가능성이 그와 그녀의 관계의 불가능성 또는 사랑의 불가능성과 겹쳐진다.* "봄과 말함 사이에 한계가 정해져 있지 않은 빈 곳의—그 지점은, 그곳을 보는 자와 그곳에 대해 말하는 자로부터 벗어나 있다"(122). 그녀의 현전은 그가 보고 있지만 언어로는 결국 포착할 수 없는 것인데, 왜냐하면 그것은 그가 보는 것과 말하는 것 사이(분리된 "빈 곳")를 주재하고 그 사이에서 동요하고 있는 시간(내면에 응결되어 공간화된 시간, 또는 표상과는 다른, 언어로 포착되지 않는 시간화된 공간)이기 때문이다. 그는 기다릴 수 없는 것을, 기다려서 손에 쥘 수 없는 것을, 어떠한 '것'도 아닌 시간을 기다리고 있는 것이다. 그가 소극적이거나 마음을 닫고 있거나 진실하지 않기 때문이 아니라, 설사 그가 할 수 있는 모든 것을 하더라도 관계에는 결코 쥘 수 없고 다만 스스로를 열 수밖에 없는 영역이 있기 때문이며, 따라서 관계 자체가 결코 쥘 수 없는 것이기 때문이다(관계의 불가능성).

---

* 또한 그 안에서 언어에 대한 탐색과 에로스에 대한 탐색이 겹쳐진다. 『기다림 망각』은 언어의 움직임에 대한 추적이자 에로스의 움직임에 대한 추적이다. 이 작품은 언어가 에로스에서 그리는 궤적에 대한 묘사이며, 더 정확히 말해 성적 접촉이 아니라 언어 교환이 어떻게 에로스로 열리는가라는 물음에 대한 성찰이다. "마치 살아 있는 두 몸처럼, 하나가 다른 하나에 바싹 밀착해 있는 두 말, 그러나 미확정적인 경계를 두고"(36).

작품의 공동구성: 글쓰기라는 내기

마찬가지로 『기다림 망각』의 저자도 여러 기호들을 배치해서 제시해 놓을 수는 있었지만, 다만 그뿐이고 그 이상을 넘어갈 수 없는 불가능성과 마주하고 있다. 따라서 독자에게 책이라는 보이는 공간 속에 배치된 보이는 문자들 위로 떠오르는 시간을 읽는 것이, 문자들을 통해 그녀가 속해 있고 저자도 속해 있으며 독자 자신도 속해 있을 수 있는 공동의 인간 또는 어떤 자의 현전을 보는 것이, 읽고 보는 것이 음악을 듣는 것과 동일하게 되는 지점을 찾는 것이 과제로 남게 된다. 단어들 사이에, 단어들 위에 음악이 있다. 한 권의 책에서 단어들 위로 형성되는 에너지의 장이, 단어들 위로 솟아오르는 사실은,──물리적으로──보이지도 않고 들리지도 않는 침묵의 음악이 있다. 『기다림 망각』에서 저자 블랑쇼는 모든 단어들이 그 음악으로 환원되는 순간을 탐색하고 있으며, 그로부터 이 작품을 이끌어 가고 있는 음악적 추상화가 실현된다. 이 작품은 침묵으로, 하지만 진공이 아니고 단어들을 독서의 과정에서 지워지게 하면서 울리게 하는 음악으로 돌아간다. 그러나 왜 침묵이 말해야 하고 음악이 울려야만 하는가? 왜 음악적 추상화가 요청되어야만 하는가?

 언어의 현전(현재)을 보여 주기 위해서이다. 언어의 중심에 어떤 사실이나 어떤 메시지나 사상을 주장하기 위해 제시된 명제들이 아니라 바로 타인(또한 타인으로서의 독자)과의 관계가 놓여 있음을 보여 주기 위해서이다. 명제들이 아니라 바로 침묵 또는 음악이 언어의 중심을 지정하고 타인과의 관계를 주재하고 있다. 『기다림 망각』에는 모든 명제를 소거하는 동시에 소설적 허구의 공간도 무너뜨리면서 다만 관계만을 이 순간 또는 그 순간 현시시키고자 하는 몸짓이 들어가 있다. 그러한 점에서 이 작품은, 설사 이러저러한 철학적 표현들과 명제들이 그 안에 주어져 있다고 하더라도, 모든 것을 규정하고 설명할 수 있으며 나아가 가르칠 수 있다고 전제하고 말하며, 그러한 한에서 필연적으로 개인적이자 사회적인[*] 권력을 따라가고 있는 어떤 철학책의 반대편에 놓여 있다.

그러한 종류의 철학책에서 말하는 자는 언어가 의식의 투명성을 그대로 보존해서 표현해 줄 수 있고 의식의 힘을 그대로 매개해 줄 수 있다고 믿는 자아(개인적이자 사회적 자아, 사회적으로 규정된 개인적 자아)일 것이며, 그러한 자아가 모든 것을, 자연과 역사와 사회와 인간을 하나의 이론 안에 출구를 열어 두지 않고 결정적으로 가두어 둔다는 것은, 모든 것을 대상화하는 것이며, 동시에 그의 말을 듣고 읽는 자를 대상화하는 것과 다르지 않다. 적지 않은 경우, 그러한 자아의 지배 욕구가 지식 전반을 비롯해 철학에서 언어의 움직임을 전면적으로 주도해 왔고 또한 주도하고 있다(언어에 대한 개인적이자 사회적인 1인칭의 지배). 주목해 봐야 할 점은, 그것이 결코 무사無私한 중립적 지식의 욕구가 아니라 이 세상(이 사회, 이 세계)에서 가장 강력한 힘을 발휘하는 언어 일반에 대한 지배의 욕구일 뿐만 아니라(왜냐하면 이 세상을 움직이는 가장 근원적 권력은 폭력

---

[*] 여기서, 또한 이후에 '사회적인'은 '집단적인'과 동일하다. 즉 여기서 사회는 국가를 포함해서 한 담론이 유통되는 장소가 될 수 있는 모든 집단과 모든 그룹을 가리킨다.

이나 돈의 힘이 아니고 바로 언어의 권력이기 때문이다——폭력과 돈의 힘조차 언어의 권력에, 누가 어떻게 말하느냐에 의존하고 있다), 그것이 타인의 개입에 의해 제한되지 않는다면 바로 현실적·역사적 정치 현장에서 정치적인 것('나'와 타자의, '우리'의 관계)을 와해시키는 근원적 계기로 작동한다는 것이다. 그 자아의 언어에 대한 지배 욕구로부터 돌아선다는 것은, 즉 침묵으로 들어선다는 것은, 아마 단순한 자연의 침묵을 넘어서는 인간의 가장 고귀한 움직임들 가운데 하나일 것이다. 그러나 언어와 한 번도 접촉해 본 적도 없고 언어에 의해 오염되어 본 적도 없는 자연의, 언어 이전의 침묵과는 다른, 말하는, 언어를 사용하는 인간의 침묵은 『기다림 망각』에서 나타나듯 완전히 언어를 차단하고 맹목적이거나 기계적으로 입을 다문다는 것이 아니다——나아가 흔히 우리가 말하듯 '비굴하게 입을 다문다'는 것이 아니다. 말해야 하며, 나아가 말로 절규해야 한다. 그러나 말과 절규의 배면에서, 들리는 말과 들리는 절규가 아닌 침묵이 말해야 한다. 침묵은, 즉 인간의 침묵 또는 언어의 침묵은 백지 상태로 돌아가거나 백지 상태를 유지하는 것이 아니다. 그것은 단어들의 열림이자 언어를 추진하는 동력이며 언어의 진정성을 보증하는 음악이며, 또한 말하는 '나'와 타자를, 언어에 함께 연루되어 있는 글 쓰는 자와 독자를 잇는 통로이다. 나아가 언어의 현전(현시, 현재, '지금')으로서의, 침묵인 음악으로서의 그 언어 덕분에, 닫힌 책이 '작품'으로 열리고, 또한 타자와의 관계 자체가 열리며, 우리 인간에게 '사랑'이라는 것이 문제가 되고, '그것'이 주어진다.

　『기다림 망각』에서 마지막에 말하고 있는 자는 저자 블랑쇼가 아니고 독자를 포함한 어떠한 개인도 아니다. 그는 말을 한다는 것과 글을 쓴다는 것이 어떤 시점에서 관계에 내맡겨질 수밖에 없는 "주사위 던지기"(un coup de dés, 말라르메의 표현)가 될 수밖에 없다는 사실을, 궁극적으로 언어를 통해 '나'를 주장할 수 없고 오히려 '내'가 바깥으로 뒤집어지고 '나' 자신을 맡길 수밖에 없다는 사실을, 나아가 언어가 규정된 사회적 관계를 넘어서는 단수적singulier 관계 자체라는 사실을 받아들이고 있는 공동의 어떤 자이다. 아마 말한다는 것 또는 글 쓴다는 것은 이러한 것이리라. 그것은 '나'를 보편으로 승격시켜 타인들을 그 보편에 종속시키는 행위의 반대의 행위, 즉 단수적인 하나의 타자에게로 다가가서 '나'를 뒤집어 열고 그에게 이후의 일을 맡길 수밖에 없는 내기이리라.

박준상

모리스 블랑쇼 연보*

1907   9월 22일, 프랑스 손-에-루아르Saône-et-Loire 지방의 작은 마을 켕 Quain에서 출생. 부친이 개인 교습을 하는 교수였던 관계로, 파리에서 엘뵈프Elbeuf로, 라 사르트La Sarthe에서 샬롱Chalon으로 자주 이사를 할 수밖에 없었다.

1923   바칼로레아(대학입학자격고사) 수험. 십이지장 수술을 받았지만 별 효과가 없었다. 그로 인해 대학 입학이 1년 늦어짐. 평생 건강이 매우 좋지 않아 고통받음.

1925   스트라스부르 대학 입학. 전공은 철학과 독문학. 이곳에서 엠마누엘 레비나스를 만남. 변함없는 우정이 시작되어 함께 독일 현상학을 공부하고, 프루스트와 발레리를 읽음.

1930   소르본에서 회의주의자들에 대한 석사 논문이 통과됨.

1931   생트-안Sainte-Anne에서 의학을 공부하기 시작함. 그러나 대학 생활

---

*『마가진 리테레르』 블랑쇼 특집호(*Magazine littéraire: L'énigme Blanchot*, no. 424, 2003/10)에 수록된 크리스토프 비덩이 쓴 블랑쇼 연보와 『뢰이 드 뵈프』 블랑쇼 특집호 (*L'œii de bœuf: Maurice Blanchot*, no. 14/15, 1998/05)에 수록된 블랑쇼 연보 그리고 다른 텍스트를 참조해 작성되었음.

보다는 저널리즘에 관심을 갖게 됨. 프랑수아 모리악François Mauriac에 대한 평론을 발표(그로서는 처음으로 발표한 글). 티에리 몰니에 Thierry Molnier가 이끌고 있는, '악시옹 프랑세즈' Action Française의 청년 반대파와 특히 가깝게 지내면서, 극우 신문들과 잡지들에 기고함. 소설을 쓰기 시작하나, 틀림없이 여러 번 그 원고들을 폐기함.

1933 정신혁명을 위한 반자본주의·반의회주의·반공산주의가 기본적인 모토들. 동시에 반게르만주의와 반히틀러주의의 입장에 섬. 나치의 수탈을 고발하는 유대인 민족주의자 모임에 가담. 친구 폴 레비가 주관하던 일간지 『르 랑파르』(*Le Rempart*, '성벽')에 유대인들을 강제수용소에 처음으로 보낸 사건에 항거하는 기사를 씀. 정치에 일종의 정신성을 가져오기 위해 극우 노선에 섰지만, 블랑쇼가 지지했던 극우 사상은 이상주의(정신주의) 색채가 강했고, 당시의 나치주의와는 관계가 없었다.

1936 부친의 죽음. 장 드 파브레게스Jean de Fabrèguez와 티에리 몰니에가 주관하던 월간지 『콩바』*Combat*에 기고함.

1937 『랭쉬르제』(*L'Insurgé*, '반란자')에 신랄한 정치 기사를 쓰는 동시에 문학 관련 기사를 쓰기 시작함. 그러나 1년 내에 두 가지 모두를 포기. 극우파를 위해 정치 기사를 쓰기를 그만둠. 장 폴랑Jean Paulhan과 처음으로 만남.

1940 『주르날 데 데바』(*Journal des débats*, '토론 신문')의 편집자로서, 보르도Bordeaux와 이어서 비시Vichy에서 파탄에 이를 정도로 약화된 정부를 지켜봄. 이후 모든 논설위원직을 그만둠. 국가에서 재정 지원을 받던 문화단체인 '젊은 프랑스' Jeune France에서 '문학' Littérature이라는 연구소를 이끎. 12월에 조르주 바타유를 만남.

1941 『주르날 데 데바』에 문학 기사를 쓰기 시작함. 가을에 첫번째 작품인 『토마 알 수 없는 자』 출간. 나치를 피해 레비나스의 부인과 딸을 피신시키고, 그녀들에게 보호처를 제공.

1942 소설 『아미나다브』 출간.

1943 디오니스 마스콜로의 요청으로, 『주르날 데 데바』에 실렸던 54편의 텍스트들을 모아 재수록한 평론집 『헛발』 출간. 마스콜로와의 교제 이후로 블랑쇼는 정치적 관점에서 점점 더 좌익으로 기울기 시작.

1944 자신이 출생한 집의 담벼락에서 총살형의 위기에 놓였으나, 레지스탕스의 선제공격으로, 간발의 차이로 구출됨. 블랑쇼는 이 기적적인 체험 이후로 덤으로 생존하고 있다는 느낌을 갖게 된다. 50년 후 이 체험을 바탕으로 『나의 죽음의 순간』을 쓰게 됨. "죽음 자체와 다르지 않은 이 감정만이, 보다 정확히 말해, 언제나 진행 중인 나의 죽음의 순간이 가져온 이 가벼움의 감정만이 남아 있을 것이다."(『나의 죽음의 순간』)

1946 『라르쉬』(L'Arche, '아치'), 『크리티크』(Critique, '비평'), 『레탕모데른』(Les Temps modernes, '현대') 등의 잡지에 기고하고, 여러 문학상 심사에 참여. 전후의 가장 중요한 비평가로 부각. 드니즈 롤랭Denise Rollin과의 관계가 시작됨. 파리를 떠나 지중해 지역의 에즈Eze 마을에 정착. 그러나 이후에도 자주 파리에 머무름.

1946~1958 글의 형태가 보다 길고 압축적으로 바뀜. 1953년에는 『NNRF』지에 매달 기고. 고유의 문학의 공간("끝날 수 없는 것"l'interminable, "끊임없는 것"l'incessant, "중성적인 것"le neutre, "바깥"le dehors, "본질적 고독"la solitude essentielle)을 창조함. 1955년 『문학의 공간』 출간. 루이-르네 데 포레에 대해 쓴 글의 도입부에 나오는 "작은 방"에서

여러 소설들을 씀. 『하느님』(1948), 『죽음의 선고』(1948) 출간. 『토마 알 수 없는 자』의 훨씬 간결해진 재판본 완성(1950). 『원하던 순간에』(1951), 『나를 동반하지 않았던 자』(1953), 『최후의 인간』(1957) 출간. 1957년 모친 사망.

1958 파리로 돌아옴. 드골 장군의 "쿠데타"에 반대하면서 잡지 『르 카토즈 쥐이예』(Le 14 juillet, '7월 14일')를 창간한 디오니스 마스콜로에게 편지를 씀. "당신에게 저의 동의를 표명하고 싶습니다. 저는 과거도 현재도 받아들일 수 없습니다." 그 잡지 2호에 「거부」Le Refus를 발표 (『우정』에 재수록). 로베르 앙텔므와 그의 부인 모니크와 가까워짐. 레지스탕스 활동 중 체포, 정치범으로 독일의 강제수용소에 수감되었던 앙텔므는 기아와 강제노역, 티푸스로 사경을 헤매다 구조되어 생환하였다. 수용소 체험을 기록한 그의 『인류』L'espèce humaine는 블랑쇼를 포함한 많은 사람들에게 충격을 준다. 이후 블랑쇼는 앙텔므의 이 책에 관한 중요한 글(「파괴될 수 없는 것」L'Indestructible)을 발표한다(『무한한 대화』에 재수록). 또한 마르그리트 뒤라스, 루이-르네 데 포레, 모리스 나도Maurice Nadeau, 엘리오 비토리니Elio Vittorini와 지네타 비토리니Ginetta Vittorini와 가까워짐.

1960 알제리에서의 불복종운동을 지지하기 위한 121인의 선언. 블랑쇼는 마스콜로·쉬스테르와 함께 그 선언의 주요 기안자였음. 마스콜로·비토리니와 함께 『국제 잡지』를 창간할 계획을 세움. 뷔토르Butor, 데 포레, 뒤라스, 레리스Leiris, 나도, 칼비노Calvino, 파졸리니Pasolini, 바흐만Bachmann, 그라스 등이 회합에 참석. 샤르, 주네Genet와 같은 다른 이들은 원고를 넘김. 4년 후 그 계획이 무산되어 실의에 빠짐.

1962 단상 형식으로 씌어진 첫번째 작품 『기다림 망각』 출간. 조르주 바타유 사망. 사라진 친구에게 바치는 「우정」이라는 글을 발표(『우정』에 재수록). "우리가 한 모든 말들은 단 하나를 긍정하는 데에로 나아간

다. 즉 모든 것이 지워져야 한다는 것. 우리 안에 있으면서 모든 기억을 거부하는 어떤 것이 이미 따라가고 있는 이 움직임에, 지워져 가는 이 움직임에 주목함으로써만 우리가 충실한 자로 남아 있을 수 있다는 것"(『우정』).

1964 자크 데리다Jacques Derrida에게 처음으로 편지를 씀. 계속 이어진 편지 교환의 시작.

1966 잡지『크리티크』가 그에 대한 최초의 특집호를 발간. 샤르, 콜랭, 드 만de Man, 푸코, 라포르트, 레비나스, 페페르Pfeiffer, 풀레Poulet, 스타로뱅스키Starobinski의 텍스트들이 실림. 푸코의 「바깥의 사유」La Pensée du dehors가 특히 반향을 불러일으킴. 엘리오 비토리니의 죽음. '베트남민중 지지 위원회'의 설립에 기여.

1968 68혁명. 거리 시위에 참가하고, 전단지를 만들고, 학생-작가 행동위원회의 회합을 주재함. 익명으로 잡지『코미테』(Comité, '위원회')의 창간호이자 마지막 호에 반 이상의 기사를 씀. 그것은 이후에 잡지『리뉴』33호(Lignes: avec Dionys Mascolo, du Manifestes des 102 à Mai 68, 1998년 3월)에 마스콜로의 글들과 함께 재수록 됨.

1969 후기 사상을 가장 정확하게 보여 주는 주저이자 가장 철학적인 텍스트인『무한한 대화』출간. 이 책에는 타자에 대한 고유의 사유가 집약적으로 드러나 있으며, 레비나스, 니체, 바타유, 사뮈엘 베케트Samuel Beckett, 독일 낭만주의, 사드, 프로이트, 헤라클레이토스, 알베르 카뮈Albert Camus, 랭보Rimbaud, 앙토냉 아르토Antonin Artaud 등에 대한 논의가 담겨 있음.

1970 여러 이유로 건강 상태가 심각해짐.

1972 파울 첼란Paul Celan에 대한 글을 씀. 그것은 나중에 단행본으로 출간됨(『최후에 말해야 할 사람』).

1973 단상 형식으로 쓴 두번째 작품 『저 너머로의 발걸음』 출간.

1978 1월 형 르네René와 드니즈 롤랭이 연이어 사망.

1980 단상 형식의 세번째 작품 『카오스의 글쓰기』 출간. 홀로코스트에 대한 반성에서 나온 극적인 철학적 성찰. 이 책에도 블랑쇼의 후기 사상이 잘 나타나 있음.

1983 장-뤽 낭시의 논문 「무위의 공동체」에 대한 화답으로 쓴 『밝힐 수 없는 공동체』 출간. 낭시의 그 논문 역시 나중에 자신의 다른 글들을 모아 단행본으로 출간됨. 드물게 글을 쓰게 됨. 소책자들, 재판본들, 서문들, 질문들에 대한 응답들, 공개서한들, 정치적 개입들.

1986 『내가 상상하는 대로의 미셸 푸코』 출간.

1990 로베르 앙텔므 사망.

1995 에마뉘엘 레비나스 사망. 뒤이어 1996년 마르그리트 뒤라스 사망. 1997년 디오니스 마스콜로와 형 르네의 죽음 이후로 함께 살아왔던 형수 볼프Wolf 사망.

1996 『의문에 부쳐진 지식인들』 출간. 자신과 동료들에 대해 드러내 놓고 언급한 적이 거의 없었던 블랑쇼가 이 책에서는 자신의 시대와 그 인간들에 대해 상당히 직접적인 견해를 내놓고 있다.

2003 블랑쇼, 2월 20일 사망. 4일 후 장례식에서 자크 데리다는 추도문 「영

원한 증인」을 낭독함.

2004 파리 퐁피두센터는 1월부터 6월까지 블랑쇼를 추모하기 위한 회합을 주재.

2007 블랑쇼 탄생 100주년을 기념하여 7월 2~9일에 스리지-라-살Cerisy-la-Salle에서 '콜로그 모리스 블랑쇼'가 열림.

2008 『정치평론 1953~1993』 출간.

모리스 블랑쇼 저작목록

『토마 알 수 없는 자』(*Thomas l'obscur*, Gallimard, 1941 초판, 1950 개정판).
『어떻게 문학이 가능한가?』(*Comment la littérature est-elle possible?*, José Corti, 1942).
『아미나다브』(*Aminadab*, Gallimard, 1942).
『헛발』(*Faux Pas*, Gallimard, 1943).
『하느님』, 정의진 옮김, 그린비 근간(*Le Très-Haut*, Gallimard, 1948).
『죽음의 선고』, 고재정 옮김, 그린비, 2011(*L'Arrêt de mort*, Gallimard, 1948).
『불의 몫』(*La Part du feu*, Gallimard, 1949).
『로트레아몽과 사드』(*Lautréamont et Sade*, Minuit, 1949, 1963 재판).
『토마 알 수 없는 자』 개정판(*Thomas l'obscur*, Gallimard, 1950).
『원하던 순간에』(*Au moment voulu*, Gallimard, 1951).
『영원한 되풀이』(*Ressassement éternel*, Minuit, 1951).
『나를 동반하지 않았던 자』(*Celui qui ne m'accompagnait pas*, Gallimard, 1953).
『문학의 공간』, 이달승 옮김, 그린비, 2010(*L'Espace littéraire*, Gallimard, 1955).
『최후의 인간』(*Le Dernier homme*, Gallimard, 1957).
『라스코의 짐승』(*La Bête de Lascaux*, G.L.M., 1958. Fata Morgana, 1982 재판).
『도래할 책』, 심세광 옮김, 그린비, 2011(*Le Livre à venir*, Gallimard, 1959).
『기다림 망각』, 박준상 옮김, 그린비, 2009(*L'Attente l'oubli*, Gallimard, 1962).
『무한한 대화』, 최정우 옮김, 그린비 근간(*L'Entretien infini*, Gallimard, 1969).
『우정』, 박규현 옮김, 그린비 근간(*L'Amitié*, Gallimard, 1971).
『낮의 광기』(*La Folie du jour*, Fata Morgana, 1973).
『저 너머로의 발걸음』, 이재형 옮김, 그린비 근간(*Le Pas au-delà*, Gallimard, 1973).

『카오스의 글쓰기』, 박준상 옮김, 그린비, 2012(*L'Écriture du désastre*, Gallimard, 1980).

『카프카에서 카프카까지』, 이달승 옮김, 그린비, 2013(*De Kafka à Kafka*, Gallimard, 1981).

『이후에』(*Après coup*, Minuit, 1983, 『영원한 되풀이』*Le ressassement éternel* 재수록).

『베를린이라는 이름』(*Le Nom de Berlin*, Merve, 1983).

『밝힐 수 없는 공동체』, 박준상 옮김, 문학과지성사, 2005(*La Communauté inavouable*, Minuit, 1983).

『최후에 말해야 할 사람』(*Le Dernier à parler*, Fata Morgana, 1984).

『내가 상상하는 대로의 미셸 푸코』(*Michel Foucault tel que je l'imagine*, Fata Morgana, 1986).

『사드와 레티프 드 라 브르톤』(*Sade et Restif de la Bretonne*, Complexe, 1986).

『로트레아몽에 대하여』(*Sur Lautréamont*, Complexe, 1987, 줄리앙 그락Julien Gracq과 르 클레지오Le Clézio의 텍스트 포함).

『조에 부스케』(*Joë Bousquet*, Fata Morgana, 1987, 블랑쇼에 대한 조에 부스케의 텍스트 포함).

『다른 곳으로부터 온 어떤 목소리』(*Une voix venue d'ailleurs: sur les poèmes de Louis René des Forêts*, Ulysse Fin de Siècle, 1992).

『나의 죽음의 순간』(*L'Instant de ma mort*, Fata Morgana, 1994).

『의문에 부쳐진 지식인들』(*Les Intellectuels en question*, Fourbis, 1996).

『우정을 위하여』(*Pour L'amitié*, Fourbis, 1996).

『앙리 미쇼 또는 갇히기를 거부하기』(*Henri Michaux ou le refus de L'enfermement*, Farrango, 1999).

『정치 평론 1958~1993』(*Écrits politiques 1958~1993*, Éditions Lignes & Manifestes, 2003).

『"토론지"의 문학 시평들: 1941년 4월~1944년 8월』(*Chroniques littéraires du "Journal des débats" : Avril 1941~août 1944*, Gallimard, 2007).

『정치 평론 1953~1993』, 고재정 옮김, 그린비, 2009(*Écrits politiques: 1953~1993*, Gallimard, 2008).